**Abdelghani Bakhtouchi**

**Optimisation des requêtes sur un médiateur**

Abdelghani Bakhtouchi

# Optimisation des requêtes sur un médiateur

de sources de données à base ontologique

**Presses Académiques Francophones**

**Impressum / Mentions légales**
Bibliografische Information der Deutschen Nationalbibliothek: Die Deutsche Nationalbibliothek verzeichnet diese Publikation in der Deutschen Nationalbibliografie; detaillierte bibliografische Daten sind im Internet über http://dnb.d-nb.de abrufbar.
Alle in diesem Buch genannten Marken und Produktnamen unterliegen warenzeichen-, marken- oder patentrechtlichem Schutz bzw. sind Warenzeichen oder eingetragene Warenzeichen der jeweiligen Inhaber. Die Wiedergabe von Marken, Produktnamen, Gebrauchsnamen, Handelsnamen, Warenbezeichnungen u.s.w. in diesem Werk berechtigt auch ohne besondere Kennzeichnung nicht zu der Annahme, dass solche Namen im Sinne der Warenzeichen- und Markenschutzgesetzgebung als frei zu betrachten wären und daher von jedermann benutzt werden dürften.

Information bibliographique publiée par la Deutsche Nationalbibliothek: La Deutsche Nationalbibliothek inscrit cette publication à la Deutsche Nationalbibliografie; des données bibliographiques détaillées sont disponibles sur internet à l'adresse http://dnb.d-nb.de.
Toutes marques et noms de produits mentionnés dans ce livre demeurent sous la protection des marques, des marques déposées et des brevets, et sont des marques ou des marques déposées de leurs détenteurs respectifs. L'utilisation des marques, noms de produits, noms communs, noms commerciaux, descriptions de produits, etc, même sans qu'ils soient mentionnés de façon particulière dans ce livre ne signifie en aucune façon que ces noms peuvent être utilisés sans restriction à l'égard de la législation pour la protection des marques et des marques déposées et pourraient donc être utilisés par quiconque.

Coverbild / Photo de couverture: www.ingimage.com

Verlag / Editeur:
Presses Académiques Francophones
ist ein Imprint der / est une marque déposée de
OmniScriptum GmbH & Co. KG
Heinrich-Böcking-Str. 6-8, 66121 Saarbrücken, Deutschland / Allemagne
Email: info@presses-academiques.com

Herstellung: siehe letzte Seite /
Impression: voir la dernière page
**ISBN: 978-3-8381-4197-8**

Copyright / Droit d'auteur © 2014 OmniScriptum GmbH & Co. KG
Alle Rechte vorbehalten. / Tous droits réservés. Saarbrücken 2014

# Remerciements

Je remercie avant tout, **ELLAH** tout puissant qui m'a donné la volenté et la patience pour accomplir ce travail.

Je souhaite addresser mes remerciement les plus sincères aux personnes qui m'ont apporté leur aide et qui ont contribué à l'élaboration de cette thèse. En particulier, merci à :

- **Abdelkrim AISSAOUI** et **Haroun BOUARROUDJ** pour leurs relecture et leurs conseils.

Enfin et surtout **ma femme**, **mes parents** ainsi que mes amis et collègues **Mhamed**, **Tayeb**, **Mouloud** et **Tarek** pour leur soutien.

*A mes parents,*
*à ma femme et mes filles,*
*à l'EMP, à l'ANP et à l'ALGERIE.*

# Table des matières

**Introduction**      **1**

## Partie I    Etat de l'art

**Chapitre 1 Intégration des données et ontologies**    **15**

  1.1   Introduction . . . . . . . . . . . . . . . . . . . . . . . 17

  1.2   Intégration des données . . . . . . . . . . . . . . . . . 18

       1.2.1   Problématique de l'intégration des données . . 18

       1.2.2   Cadre formel pour l'intégration de données . . 22

       1.2.3   Classification des systèmes d'intégration . . . . 24

| | | | |
|---|---|---|---|
| 1.3 | Les ontologies | | 41 |
| | 1.3.1 | Taxonomies et modèle formel des ontologies | 41 |
| | 1.3.2 | Représentation formelle d'une ontologie | 43 |
| 1.4 | Sources de données à base ontologique | | 44 |
| 1.5 | Conclusion | | 45 |

**Chapitre 2 Annotation des données**     **47**

| | | |
|---|---|---|
| 1 | Introduction | 49 |
| 2 | Définitions | 51 |
| 3 | Type d'annotation | 52 |
| | 3.1   Annotation manuelle | 52 |
| | 3.2   Annotation automatique et semi-automatique | 53 |
| 4 | Projets de systèmes d'annotation | 54 |
| | 4.1   Frameworks d'annotation | 56 |
| | 4.2   Outils d'annotation | 56 |
| 5 | Annotation des bases de données | 58 |
| 6 | Conclusion | 59 |

# Partie II    Nos propositions

**Chapitre 3 Notre système d'intégration**     **63**

3.1    Introduction . . . . . . . . . . . . . . . . . . . . . . 65

3.2    Ajout des dépendances aux ontologies . . . . . . . . . 67

       3.2.1    Dépendances fonctionnelles (DF) . . . . . . . . 67

       3.2.2    Représentation des DNC dans l'ontologie . . . 71

       3.2.3    Persistance des DFs et des DNC . . . . . . . . 73

3.3    Intégration des BDBOs . . . . . . . . . . . . . . . . . 75

       3.3.1    Présentation de l'architecture implémentée . . 76

       3.3.2    Persistance des composantes du système d'intégration . . . . . . . . . . . . . . . . . . . . . . 79

3.4    Réconciliation et fusion des données . . . . . . . . . . 80

       3.4.1    Traitement des requêtes . . . . . . . . . . . . . 81

       3.4.2    Persistance des confiances des propriétés et des sour-ces crédibles . . . . . . . . . . . . . . . . 90

3.5    Conclusion . . . . . . . . . . . . . . . . . . . . . . . . 90

**Chapitre 4 Optimisation des requêtes par annotation des propriétés**     **93**

4.1    Introduction . . . . . . . . . . . . . . . . . . . . . . . 95

4.2    Travaux connexes . . . . . . . . . . . . . . . . . . . . 96

4.3    Notre proposition . . . . . . . . . . . . . . . . . . . . 97

       4.3.1    Formalisation de l'annotation des propriétés . . 99

       4.3.2    Etapes de l'annotation . . . . . . . . . . . . . 104

|   |   |   |
|---|---|---|
| | 4.3.3 Mise à jour des annotations des propriétés . . . | 107 |
| 4.4 | Exécution d'une requête . . . . . . . . . . . . . . . . | 108 |
| | 4.4.1 Propriété numérique . . . . . . . . . . . . . | 109 |
| | 4.4.2 Propriété énumérée . . . . . . . . . . . . . . | 110 |
| | 4.4.3 Propriété ni numérique ni énumérée . . . . . | 110 |
| 4.5 | Validation . . . . . . . . . . . . . . . . . . . . . . . | 110 |
| | 4.5.1 Persistance de l'annotation des propriétés . . . | 111 |
| | 4.5.2 Expérimentation . . . . . . . . . . . . . . . . | 113 |
| 4.6 | Conclusion . . . . . . . . . . . . . . . . . . . . . . . | 117 |

**Chapitre 5 Optimisation de la réconciliation par tables de hachage**     **121**

|   |   |   |
|---|---|---|
| 5.1 | Introduction . . . . . . . . . . . . . . . . . . . . . . | 123 |
| 5.2 | Tables de hachage . . . . . . . . . . . . . . . . . . . | 124 |
| 5.3 | Réconciliation du résultat d'une requête . . . . . . . . | 126 |
| | 5.3.1 Réconciliation en utilisant les tableaux . . . . . | 126 |
| | 5.3.2 Réconciliation en utilisant les tables de hachage | 127 |
| 5.4 | Présentation des deux prototypes . . . . . . . . . . . . | 127 |
| | 5.4.1 OMED (OntoDB MEDiator) . . . . . . . . . . | 128 |
| | 5.4.2 PMMED (PHP MySQL MEDiator) . . . . . . | 130 |
| 5.5 | Expérimentations . . . . . . . . . . . . . . . . . . . . | 132 |
| | 5.5.1 Préparation des données du test . . . . . . . . | 133 |
| | 5.5.2 Utilisation des tableaux . . . . . . . . . . . . . | 134 |

|  |  |  |
|---|---|---|
| | 5.5.3 Utilisation des tables de hachage | 137 |
| | 5.5.4 Comparaison des temps de réponse en utilisant les tableaux et en utilisant les tables de hachage | 137 |
| 5.6 | Conclusion | 139 |

**Conclusion et perspectives**     **141**

**Bibliographie**     **147**

**Table des figures**     **167**

**Liste des tableaux**     **169**

**Glossaire**     **171**

# Introduction

## Contexte

Au cours des deux dernière décennies, le rôle de la base de données, et en particulier des techniques de base de données, a considérablement changé. Nous sommes passés d'un monde dans lequel une entreprise ou une organisation ont une base de données centrale, relativement fermé, pour la totalité de l'historique des enregistrements à un monde dominé par le Web, dans lequel de nombreuses bases de données différentes et d'autres sources d'informations structurées doivent interagir et inter-opérer, idéalement de façon qui donne aux utilisateurs une vue entièrement intégré du monde.

L'invention de l'Internet et l'émergence du World Wide Web a révolutionné l'accès des gens aux données numériques stockées sur des dispositifs électroniques. Aujourd'hui, nous prenons pour acquis la possibilité de spécifier une requête de recherche dans un navigateur ou d'un smartphone et de puiser dans des millions de documents et des bases de données des entreprises locales, des conseils et des offres de coupons. De même, nous supposons également que nous pouvons commander un ordinateur confi-

## Introduction

guré de la façon dont nous voulons et le recevoir dans les quelques jours qui suivent, même si l'ordinateur nécessite l'assemblage de pièces de dizaines de sociétés dispersées dans le monde. Pour fournir ces services, les systèmes sur Internet doivent traiter efficacement et avec précision et servir une quantité importante de données. Mais à la différence des applications de gestion de données traditionnelles, tels que le maintien de la masse salariale d'une société, les nouveaux services exigent la capacité de partager des données entre plusieurs applications et organisations, et d'intégrer des données de façon souple et efficace [Doan et al., 2012].

Un système d'intégration consiste à fournir une interface unique, uniforme et transparente aux données via un schéma global. La mise en œuvre d'une solution de système d'intégration de données est une tâche difficile. Cette difficulté est due à plusieurs facteurs : (a) le nombre croissant des sources de données à intégrer, (b) le fait que la sémantique des sources soit peu explicitée, (c) l'hétérogénéité des sources, (d) l'autonomie des sources et (e) l'évolution des sources.

Pour traiter l'hétérogénéité sémantique, considérée comme la difficulté la plus importante, l'utilisation d'ontologies est apparue comme l'approche la plus prometteuse pour une éventuelle automatisation. La richesse des ontologies en terme de sémantique contribue largement dans la résolution des conflits sémantiques et syntaxiques. Plusieurs systèmes d'intégration ont été proposés dans le cadre de cette hypothèse. Nous pouvons citer par exemple : PICSEL [François Goasdoué et al., 2000], OBSERVER [Mena et al., 1996], OntoBroker [Decker et al., 1998], KRAFT [Visser et al., 1999] et COIN [Goh et al., 1999].

Egalement, de plus en plus de sources explicitent la sémantique de leurs données en utilisant des ontologies existantes qui sont largement développées dans plusieurs domaines d'application : dans le domaine de l'ingénierie, où les catalogues de composants électroniques sont souvent décrits par des ontologies normalisées par ISO (PLIB : ISO 132584 "parts Library"), dans le domaine de la médecine, où nous trouvons l'ontologie UMLS (Unified Medical Language System[1]), la biologie[2], les applications de l'intelligence économique, etc. Le stockage des ontologies dans une base de données a engendré la notion de bases de données à base ontologique (BDBO). Plusieurs systèmes académiques et industriels ont proposé des solutions efficaces pour stocker et gérer les ontologies et les données associées (par exemple, Sesame [Broekstra et al., 2002], RDFSuite [Alexaki et al., 2001], Jena [McBride, 2001, Wilkinson et al., 2003, Carroll et al., 2004], OntoDB [Pierra et al., 2004, Dehainsala et al., 2007], DLDB [Pan and Heflin, 2003], RStar [Ma et al., 2004], KAON [Bozsak et al., 2002], 3Store [Harris and Gibbins, 2003] et PARKA [Stoffel et al., 1997]).

Une fois l'hétérogénéité des sources résolue par l'utilisation des ontologies, les concepteurs d'intégration de données doivent proposer des solutions pour la réconciliation de données lorsque les requêtes sont traitées par le système d'intégration.

Dans [Bakhtouchi et al., 2012a, Bakhtouchi et al., 2012b, Bakhtouchi, 2013a] nous avons proposé un système d'intégration complet (incluant intégration et réconciliation) motivé par une conjonction de deux facteurs principaux :

– La continuité conceptuelle offerte par les ontologies pour générer des modèles conceptuels et faciliter la résolution de l'hétérogénéité des données.
– Le développement spectaculaire des sources BDBOs qui peuvent avoir besoin d'être intégrées.

---
[1] http://www.nlm.nih.gov/research/umls/
[2] http://www.obofoundry.org/

*Introduction*

# Problématique

On pourrait supposer que le traitement des requêtes dans un système d'intégration de données diffère du traitement des requêtes dans un SGBD traditionnel. Après tout, le langage de requête (SQL, datalog, ou XQuery) est basée sur les opérations relationnelle (ou relationnelles étendues) standards. Son objectif reste de trouver un plan exécutable efficace pour la requête. Alors que les requêtes d'intégration de données traitent souvent des données distribuées, même ce problème a été étudié dans le cadre des systèmes de bases de données distribuées et fédérées. Les algorithmes classiques d'optimisation utilisés dans les bases de données ne peuvent pas tous être appliqués dans le cas d'une optimisation sur des sources de données hétérogènes. Ceci a donné lieu à de mauvaises (voire absence de) connaissances des propriétés des données manipulées (index, distribution, schémas ou cardinalités). Malgré ces similitudes superficielles, l'intégration des données offre effectivement un certain nombre de défis qui exigent de nouvelles solutions.

# Contributions

Les principales contributions de notre thèse sont :
1. *Notre système d'intégration* : Nous avons proposé un système d'intégration complet (développé et publié en 2012) sur lequel s'implémente les deux contributions suivantes. Notre système d'intégration inclut trois principales contribution, a savoir l'ajout des dépendances aux ontologies, un système d'intégration des BDBOs et une méthodologie de réconciliation et de fusion des données.
   – *L'ajout des dépendances aux ontologies* [Bakhtouchi et al., 2011b] :

La notion de dépendances fonctionnelles est une notion classique qui existe dans le monde des bases de données, nous avons projeté une notion analogue dans le monde des ontologies pour augmenter leur expressivité. Nous avons proposé d'enrichir la formalisation traditionnelle des ontologies par les dépendances fonctionnelles qui permettent d'offrir plus d'autonomie aux sources dans le choix des clés pour leurs classes et la génération de la clé de réconciliation des résultats des requêtes. De même pour permettre la représentation des classes non canoniques dans les formalismes d'ontologies qui ne les supportent pas, nous avons proposé une formalisation permettant d'étendre la formalisation traditionnelle des ontologies.

– *Un système d'intégration des BDBOs* [Bakhtouchi et al., 2012a, Bakhtouchi et al., 2012b] : Le système d'intégration de sources de données proposé est caractérisé par le fait qu'il soit complètement automatique et incrémental. Cette approche, suppose l'existence d'une ontologie de domaine mais elle ne limite pas l'autonomie des sources quant à la structure de leurs propres ontologies. Au lieu de réaliser l'intégration des ontologies, comme c'est le cas dans la plupart des approches classiques, notre approche exige de chaque source à intégrer que (1) la source de données contienne une ontologie, et (2) cette ontologie référence les concepts existants dans l'ontologie du domaine et ajoute ses propres concepts qui n'existent pas. De plus, notre approche n'exige pas l'existence des sources de données lors de l'intégration, comme plusieurs autres approches, mais elle peut intégrer ou supprimer une source de données à tout moment.

– *Une méthodologie de réconciliation et de fusion des données* [Bakhtouchi et al., 2011a], [Bakhtouchi et al., 2012a], [Bakhtouchi and Bellatreche, 2011] : Une fois notre système d'intégration mis

*Introduction*

en place, il est prêt à être interrogé. Une étape très importante dans l'interrogation d'un système est la construction des résultats d'une requête. Nous avons proposé une méthode de réconciliation et de fusion de données qui utilise les DFs et se déroule suivant cinq étapes: (1) la découverte des DFs de la requête, (2) la détermination des sources concernées, (3) la dérivation de la clé de réconciliation, (4) évaluation des requêtes et la (5) réconciliation et fusion des résultats. La réconciliation des instances en utilisant les DFs permet de détecter les instances se référant à la même entité du monde réel. Pour ces instances (doublons), nous avons proposé une fusion dans une même représentation par l'implémentation de différentes techniques de résolution des conflits. Contrairement aux méthodes qui sont conçues pour des agrégations en offline, nous proposons une méthode de réconciliation et de fusion incrémentale et online qui permet de retourner une réponse primaire rapidement.

2. *Optimisation des requêtes par annotation des propriétés* [Bakhtouchi, 2013b] [Bakhtouchi, 2014c] : Nous avons proposé de matérialiser les domaines de définition (annotations) des propriétés numériques et énumérées dans le médiateur. En utilisant ces annotations, une requête sur le médiateur sera envoyée uniquement aux sources qui contiennent certainement des réponses. Nous regroupons les domaines de définition pour générer un ensemble de sous domaines auxquels seront affectées les sources. Par la suite, une requête contenant un prédicat portant sur une propriété annotée ne sera envoyée à une source que si elle contient des instances satisfaisant le prédicat. Notre proposition a été évaluée sur une collection de sources de données générées, et les résultats des expérimentations ont montré une nette amélioration du temps de réponse des requêtes.

3. *Optimisation de la réconciliation par tables de hashage* [Bakhtouchi, 2014b] : La méthode d'exécution des requêtes que nous avons proposé se déroule en cinq étapes suivantes : (1) découverte des DFs de la requête, (2) détermination des sources concernées, (3) dérivation de la clé de réconciliation, (4) évaluation des requêtes et enfin la (5) la réconciliation et fusion des résultats. Il est clair que le temps d'exécution des trois premières étapes est négligeable par rapport aux étapes (4) et (5). Bien que l'étape (4) soit hors de la responsabilité du système d'intégration, elle concerne les sources interrogées, nous avons proposé dans le chapitre 4, une méthode pour réduire le nombre de ces sources afin de réduire le temps d'exécution de l'étape (4). Notre dernière marge de manouvre pour optimiser le temps de réponse des requêtes est de réduire le temps d'exécution de la dernière étape, à savoir la réconciliation et fusion des résultats. Nous avons remarqué que l'utilisation de la structure de données *tableau* pour stocker les résultats intermédiaire de la réconciliation prend beaucoup de temps. Ce qui nous a amené à la changer par la structure de données *tables de hachage* qui assure un temps d'exécution de la réconciliation beaucoup moins que celui lors de l'utilisation des tableaux. Nous avons justifié notre nouveau choix théoriquement et expérimentalement.

## Organisation de la thèse

Cette thèse s'organise en deux parties. La première partie, comportant deux chapitres, présente un état de l'art de la problématique détaillant les principales notions nécessaires à la bonne compréhension de nos travaux. La seconde partie, comportant trois chapitres, décrit nos différentes propositions.

*Introduction*

**Partie 1: Background et Etats de l'art**

Cette partie présente d'abord des concepts et des définitions facilitant la présentation de nos propositions. Ensuite ; des états de l'art conséquents concernant les systèmes d'intégration de données, les ontologies, les bases de données à base ontologique (BDBO), le système de gestion de BDBO, OntoDB et la problème de la résolution des conflits au niveau des instances, sont présentés.

Le chapitre 1, intitulé "*Intégration des données et ontologies*", présente deux parties : (1) une des états de l'art portant sur le problème de l'intégration de sources de données réparties et hétérogènes, le cadre formel de l'intégration des données et l'apport des ontologies dans l'automaticité du processus d'intégration de données. Ainsi que la classification des approches d'intégrations se base sur les cinq critères orthogonaux suivants : (i) la représentation de données intégrées, (ii) le mapping entre schéma global et schéma local, (iii) la nature du processus d'intégration, (iv) la méthode de réconciliation des données et (v) la capacité de fusion des données. (2) La deuxième partie de ce chapitre concerne les ontologies, leur classification et un modèle formel permettant de les représenter, ensuite les bases de données qui présentent la sémantique de leurs données en termes des ontologies en précisant comment ces bases stockent les données et les ontologies dans un même conteneur.

Le chapitre 2, intitulé "*Annotation des données*", est un état de l'art de l'annotation des données. Commençant par la présentation des définitions de l'annotation sémantique des données. Ensuite nous présentons les deux types du processus de l'annotation à savoir manuel et automatique. Nous exposons après dans chapitre, une classification des projets de systèmes d'annotation, nous donnons des exemples pour chaque catégorie. Enfin de ce chapitre, nous nous concentrons sur l'annotation dans le domaine des bases de données.

**Partie 2: Nos propositions.**

Cette partie décrit les différentes contributions que nous avons apportées à savoir: Notre système d'intégration, l'ptimisation des requêtes par annotation des propriétés et l'optimisation de la réconciliation par tables de hashage.

Le chapitre 3, intitulé "*Notre système d'intégration*", présente notre système d'intégration qui comporte trois contributions : (1) l'enrichissement du formalisme d'ontologies par les dépendances fonctionnelles (DF) et les dépendances de détermination des classes non canoniques. Les DF seront utilisées pour la réconciliation des données alors que les dépendances de détermination des classes non canoniques seront utilisées pour permettre la représentation des classes non canoniques dans les modèles qui ne le permettent pas. Nous commençons par la proposition de notre propre représentation qui étend la représentation formelle d'une ontologie pour supporter les DFs et les dépendances de détermination des classes non canoniques. Nous présentons ensuite la persistance des DFs et des DNC dans le méta-modèle. (2) la méthode d'intégrations en commençant également ment par sa formalisation avant de passer à la persistance des composantes du système d'intégration. (3) la dernière contribution est la méthode de réconciliation et de fusion de données proposées, avec les étapes suivantes: (1) découverte des DFs de la requête, (2) détermination des sources concernées, (3) dérivation de la clé de réconciliation, (4) évaluation des requêtes et enfin la (5) la réconciliation et fusion des résultats.

Le chapitre 4, intitulé "*Optimisation des requêtes par annotation des propriétés*", détaille présente notre proposition de matérialiser les domaines de définition (annotations) des propriétés numériques et énumérées dans

*Introduction*

le médiateur. En utilisant ces annotations, une requête sur le médiateur sera envoyée uniquement aux sources qui contiennent certainement des réponses. Nous regroupons les domaines de définition pour générer un ensemble de sous domaines auxquels seront affectées les sources. Par la suite, une requête contenant un prédicat portant sur une propriété annotée ne sera envoyée à une source que si elle contient des instances satisfaisant le prédicat. Notre proposition a été évaluée sur une collection de sources de données générées, et les résultats des expérimentations ont montré une nette amélioration du temps de réponse des requêtes.

Le chapitre 5, intitulé "*Optimisation de la réconciliation par tables de hashage*", présente notre contribution de l'utilisation des tables de hachage pour optimiser la réconciliation des résultats d'une requête. Tout d'abord nous commençant par le fondement théorique de ce type de structure de données. Nous présentons après la méthode de réconciliation du résultat venant d'une source et le résultat global. Nous exposons ensuite les deux prototypes que nous avons réalisés pour valider notre système d'intégration. Pour chacun deux nous présentons comment implémenter la structure de données tables de hachage. Enfin nous détaillons les expérimentations effectuées afin de montrer la valeur ajoute de notre contribution.

Enfin, nous finissons cette thèse en récapitulant nos contributions et en introduisant les perspectives ouvertes par nos travaux.

# Publications

La liste suivante représente les articles publiés dans le cadre de cette thèse.

1. **Bakhtouchi, A.** (2014). On the use of hash maps for data reconciliation optimization over a data integration system. Submitted to *International Symposium on Smart Sensors and Information Engineering (ISSSIE 2014)*, August 16-17, Dalian, China.

2. **Bakhtouchi, A.** (2014). Annotation des propriétés des ontologies : une approche d'optimisation des requêtes sur un médiateur de sources de données à base ontologique. Accepted in *Technique et Science Informatiques, Revue des sciences et technologies de l'information*, France.

3. **Bakhtouchi, A.** (2014). Query Optimization on Ontology-based Sources Mediator Using Properties Indexing. In *International Conference on E-commerce and Information Engineering (ECIE 2014)*, February 22-23, ShenZhen, China.

4. **Bakhtouchi, A.** (2014). FGOLD: une base de données à base ontologique flexible et graphique prête à l'emploi. In *2nd International Workshop Human-Machine Interaction & Image (IHMIM'14)*, May 3-6, Hammamet, Tunisia.

5. **Bakhtouchi, A.** (2013). Query Optimization on ontology-based sources Mediator using Ontological Properties Annotation. Accepted not published in *International Journal of Information Science - ASP*, USA.

6. **Bakhtouchi, A.** (2013). Intégration et réconciliation des données hétérogènes: Une approche ontologique dans une architecture de médiation. (1st ed.). *Presses Académiques Francophones*.

*Introduction*

7. **Bakhtouchi, A.**, Bellatreche, L., Jean, S., and Aït-Ameur, Y. (2012). Mirsoft: mediator for integrating and reconciling sources using ontological functional dependencies. In *International Journal of Web and Grid Services (IJWGS)*, 8(1):72-110.

# Première partie

# Etat de l'art

Chapitre 1

# Intégration des données et ontologies

**Sommaire**

- **1.1 Introduction** .......................... **17**
- **1.2 Intégration des données** ................... **18**
  - 1.2.1 Problématique de l'intégration des données ..... 18
    - 1.2.1.1 Conflits des données ........... 18
    - 1.2.1.2 Conflits des instances ........... 21
  - 1.2.2 Cadre formel pour l'intégration de données ..... 22
  - 1.2.3 Classification des systèmes d'intégration ...... 24
    - 1.2.3.1 Le degré de matérialisation ........ 25
    - 1.2.3.2 La correspondance entre schéma global et schémas locaux ............. 30
    - 1.2.3.3 L'approche LaV (Local as View) ..... 31
    - 1.2.3.4 L'approche Generalized Local as View (GLaV) ................. 32
    - 1.2.3.5 Automaticité du processus de mapping .. 33
    - 1.2.3.6 Intégration manuelle ........... 33
    - 1.2.3.7 Intégration semi-automatique ....... 34
    - 1.2.3.8 Intégration automatique .......... 35
    - 1.2.3.9 Méthodes de réconciliation des données . 37
    - 1.2.3.10 Capacité de fusion des données ...... 38

*Chapitre 1. Intégration des données et ontologies*

        1.2.3.11  Positionnement de notre système d'intégration . . . . . . . . . . . . . . . . . . 39
  **1.3**  **Les ontologies** . . . . . . . . . . . . . . . . . . . . . . . **41**
      1.3.1  Taxonomies et modèle formel des ontologies . . . . 41
      1.3.2  Représentation formelle d'une ontologie . . . . . . 43
  **1.4**  **Sources de données à base ontologique** . . . . . . . . . . **44**
  **1.5**  **Conclusion** . . . . . . . . . . . . . . . . . . . . . . . . . . **45**

**Résumé.** Le chapitre 1 présente deux parties : (1) une des états de l'art portant sur le problème de l'intégration de sources de données réparties et hétérogènes, le cadre formel de l'intégration des données et l'apport des ontologies dans l'automaticité du processus d'intégration de données. Ainsi que la classification des approches d'intégrations se base sur les cinq critères orthogonaux suivants : (i) la représentation de données intégrées, (ii) le mapping entre schéma global et schéma local, (iii) la nature du processus d'intégration, (iv) la méthode de réconciliation des données et (v) la capacité de fusion des données. (2) La deuxième partie de ce chapitre concerne les ontologies, leur classification et un modèle formel permettant de les représenter, ensuite les bases de données qui présentent la sémantique de leurs données en termes des ontologies en précisant comment ces bases stockent les données et les ontologies dans un même conteneur.

## 1.1 Introduction

L'intégration des informations issues de sources hétérogènes et distribuées est devenue un besoin crucial pour un nombre important d'applications, comme l'ingénierie, le commerce électronique, l'intelligence économique, la bio-informatique, etc. Cette intégration permet à ces applications d'exploiter et analyser cette mine d'informations. Avec l'explosion du nombre de sources de données, des solutions d'intégration automatiques sont nécessaires. Ces solutions sont confrontées aux problèmes liés aux hétérogénéités structurelle et sémantique des sources.

Plusieurs problèmes doivent être pris en compte pendant la conception des systèmes d'intégration. Ces problèmes résultent de l'hétérogénéité structurelle et de l'hétérogénéité sémantique des données. De nombreux travaux concernant l'hétérogénéité structurelle ont été proposés dans les contextes des bases de données fédérées et des multi-bases de données.

L'hétérogénéité sémantique résulte des différentes interprétations des objets du monde réel due au fait que les sources de données ont été conçues de façon indépendante par des concepteurs différents ayant des objectifs différents. Pour traiter l'hétérogénéité sémantique, considérée comme la difficulté majeure, l'utilisation d'ontologies est apparue comme l'approche la plus prometteuse pour une éventuelle automatisation. Les ontologies sont des modèles permettant d'expliciter la sémantique d'un domaine d'études. Plusieurs approches d'intégration visent à associer aux données, des ontologies qui en définissent le sens. Leur gestion en base de données est possible en utilisant des structures de bases de données nommées bases de données à base ontologique (BDBO). C'est ce type de bases qui fera l'objet de notre travail.

Dans la section qui suit, nous présentons la problématique de l'inté-

*Chapitre 1. Intégration des données et ontologies*

gration des données ainsi qu'un cadre formel des systèmes d'intégration est donné. Nous présentons ensuite, une classification des approches d'intégration d'informations existantes. Cette classification nous permettra de positionner précisément notre travail d'intégration par rapport à l'état de l'art. Dans la deuxième partie de ce chapitre, nous présenterons les ontologies, leur classification et un modèle formel permettant de les représenter. Nous détaillons ensuite les bases de données qui présentent la sémantique de leurs données en termes des ontologies en précisant comment ces bases stockent les données et les ontologies dans un même conteneur.

## 1.2 Intégration des données

### 1.2.1 Problématique de l'intégration des données

Les systèmes d'intégration doivent permettre à l'utilisateur d'accéder, via une interface d'accès unique, à des données stockées dans plusieurs sources de données. Ces sources de données ont été conçues de façon indépendante par des concepteurs différents, ce qui conduit à un problème d'hétérogénéité de données, c'est-à-dire que les données relatives à un même sujet sont représentées différemment sur des systèmes d'information distincts. Cette hétérogénéité provient des choix différents qui sont faits par les concepteurs pour représenter des faits du monde réel dans un format numérique.

#### 1.2.1.1 Conflits des données

L'intégration des données hétérogènes consiste dans un premier temps à spécifier les entités à intégrer et dans un deuxième temps à intégrer les

*1.2. Intégration des données*

données elles-mêmes. Des conflits fréquents dans l'intégration des données peuvent alors survenir. Ces conflits peuvent être généralement classés en trois classes globales [Batini and Scannapieco, 2010] : (i) conflits technologiques, conflits des schémas et (ii) conflits des instances.

**Conflits technologiques**

L'hétérogénéité technologique est due à l'utilisation des systèmes de gestion de données provenant de différents éditeurs commerciaux et académiques (ex. DB2 d'IBM, Oracle, SQLServer de Microsoft, Mysql, Postgres).

**Conflits des schémas**

Les conflits des schémas ont été largement étudiés dans la littérature [Kim and Seo, 1991]. Plusieurs types de conflits peuvent apparaître lors de la mise en correspondance entre schémas. Une classification proposée par [Sheth and Kashyap, 1993] et reprise par [Parent and Spaccapietra, 1996], énumère six types de conflit : (1) Conflits de classification, (2) Conflits descriptifs, (3) Conflits structurels, (4) Conflits d'hétérogénéité des modèles de données, (5) Conflits données/métadonnées et (6) Conflits de données. Une autre classification proposée par [Goh et al., 1999] divise les conflits en quatre types de conflits: (1) conflits de nommage, (2) conflits de graduation, (3) conflits de contextes, et (4) conflits de représentations. Nous allons regrouper, dans ce qui suit, ces conflits en quatre classes de conflits similairement à [Sattler et al., 2003]: (i) Conflits sémantiques, (ii) Conflits de description, (iii) Conflits d'hétérogénéité des modèles et (iv) Conflits structurels.

*Chapitre 1. Intégration des données et ontologies*

### a) Conflits sémantiques

Cette classe de conflits concerne les relations sémantiques entre les extensions (les populations) des classes [Sattler et al., 2003] où la notion de "classe" est synonyme de toute modélisation de ce qui représente une collection d'objets du monde réel (selon le modèle de données il y a les classes, les relations, les entités et les types de relations, etc.). L'intégration des schémas doit identifier les parties qui se chevauchent de l'univers de discours et au sein de ces parties, il faut savoir quelles classes correspondent aux autres classes et de quelle manière. Malheureusement, la correspondance entre deux classes n'est pas souvent une correspondance exacte dans le sens où les deux classes représentent toujours le même ensemble d'objets du monde réel. Si nous considérons deux classes correspondantes, plusieurs types de correspondances entre elles peuvent exister: Equivalence, Inclusion, Chevauchement ou Disjonction.

### b) Conflits de description

La classe des conflits de description comporte un grand nombre de conflits plus spécifiques. Nous pouvons les regrouper en quatre classes: (i) conflits de noms (synonymes et homonymes), (ii) conflits de mesures de valeur, (iii) conflits de contextes et (iv) conflits de représentations.

### c) Conflits d'hétérogénéité

Dans cette classe on trouve tous les conflits dus à l'utilisation de modèles de données différents pour les schémas locaux des sources de données. L'utilisation des modèles de données différents implique l'utilisation des ensembles de concepts de modélisation différents. En particulier, dans les modèles de données ayant très peu de concepts de modélisation (tel que le modèle relationnel), d'autres concepts de modélisation sont simulés par les concepts existants. La plupart des travaux d'intégration ne considèrent que des schémas exprimés sur le même modèle. Les schémas qui ne sont pas exprimés dans ce modèle doivent au préalable être traduits lors d'une phase de prétraitement.

**d) Conflits structurels**

Ce genre de conflits est causé par l'utilisation de concepts de modélisation différents pour exprimer les mêmes faits dans le monde réel. Tous les modèles de données offrent plusieurs possibilités pour modéliser un même fait du monde réel. Ainsi, des schémas de base de données exprimés dans le même modèle de données peuvent avoir des structures différentes, bien qu'elles décrivent le même univers de discours. En particulier, les modèles de données offrant un grand nombre de concepts de modélisation permettent de nombreuses façons de description. Nous pouvons distinguer deux types de conflits structurels: (i) Conflits de métadonnées (des éléments en correspondance sont décrits par des concepts de niveaux de représentation différents), et (ii) Conflits données/métadonnées (une donnée dans une source est en correspondance avec une métadonnée dans le schéma d'une autre source).

### 1.2.1.2 Conflits des instances

Contrairement aux conflits des schémas, les conflits des instances n'ont pas fait l'objet de grande attention, et ce n'est que récemment que l'importance de ce type de conflits a augmenté, en raison du rôle qu'ils jouent dans le processus d'intégration de données. L'identification et la résolution

*Chapitre 1. Intégration des données et ontologies*

des conflits des schémas ne signifient pas que les instances sont parfaitement homogènes; des conflits peuvent survenir lorsqu'une même donnée est copiée sur plusieurs sources et l'interrogation retourne des valeurs de données contradictoires fournies par les sources pour les mêmes objets. Les conflits des instances sont causés par les erreurs de qualité, telles que l'exactitude, la complétude, la fraîcheur, et les erreurs de cohérence ; De telles erreurs peuvent résulter, par exemple, des processus indépendants qui alimentent les différentes sources de données. Les conflits des instances peuvent se diviser en deux classes: (i) conflits de références lorsque des instances, qui correspondent aux mêmes objets du monde réel et partagent une même référence, diffèrent dans d'autres attributs; et (ii) conflits de valeurs d'attributs lorsque des instances, qui correspondent aux mêmes objets du monde réel et partagent une même référence, diffèrent dans d'autres attributs.

## 1.2.2 Cadre formel pour l'intégration de données

Nous présentons dans cette section, un cadre formel pour l'intégration de données. Nous nous limitons aux systèmes d'intégration de données basés sur un schéma global. En d'autres termes, nous nous référons aux systèmes d'intégration de données dont le but est de combiner les données des différentes sources, et fournir à l'utilisateur une vue unifiée de ces données. Cette vue unifiée est représentée par le schéma global, et fournit une vue réconciliée de toutes les données, qui peuvent être interrogées par l'utilisateur. Évidemment, une des tâches principales dans la conception d'un système d'intégration de données est d'établir un mapping entre les sources et le schéma global, et tel mapping devrait être pris en considération dans la formalisant.

## 1.2. Intégration des données

Les principales composantes d'un système d'intégration de données sont le schéma global, les sources, et le mapping. Ainsi, un système d'intégration de données $\mathcal{I}$ est formalisé en un triplet $< \mathcal{G}, \mathcal{S}, \mathcal{M} >$ [Lenzerini, 2002] tel que :

- $\mathcal{G}$ est le schéma global, un ensemble de symboles de prédicats globaux (ou relations globales) ayant chacun une arité (nombre de paramètres) donnée, et un ensemble de contraintes exprimées sur ces symboles de prédicats. $\mathcal{G}$ est exprimé dans un langage $L_G$ sur un alphabet $A_G$ qui se compose d'un symbole pour chaque élément de $\mathcal{G}$.
- $\mathcal{S}$ est le schéma des sources, un ensemble de prédicats locaux (ou relations locales) disjoints de $\mathcal{G}$ qui constituent la représentation des données contenues dans les sources. $\mathcal{S}$ est exprimé dans un langage $L_S$ sur un alphabet $A_S$. L'alphabet $A_S$ comporte un symbole pour chaque élément des sources.
- $\mathcal{M}$ représente les correspondances (mapping) entre $\mathcal{G}$ et $\mathcal{S}$, constitué d'un ensemble d'assertions qui établissent le lien entre les prédicats (relations) du schéma global et les prédicats (relations) du schéma source. Les assertions ont les formes suivantes:

$q_S \rightsquigarrow q_G$

$q_G \rightsquigarrow q_S$

où $q_S$ et $q_G$ sont deux requêtes de la même arité, respectivement sur le schéma de la source $\mathcal{S}$, et le schéma global $\mathcal{G}$. Les requêtes $q_S$ sont exprimées dans un langage de requête $L_{M,S}$ sur l'alphabet $A_S$, et les requêtes $q_G$ sont exprimées dans un langage de requête $L_{M,G}$ sur l'alphabet $A_G$. Intuitivement, une assertion $q_S \rightsquigarrow q_G$ spécifie que le concept représenté par la requête $q_S$ sur les sources correspond au concept représenté par la requête $q_G$ sur le schéma global (de même pour l'assertion de type $q_G \rightsquigarrow q_S$).

*Chapitre 1. Intégration des données et ontologies*

## 1.2.3 Classification des systèmes d'intégration

L'intégration de données consiste à éliminer d'abord les conflits entre les données et ensuite les représenter dans un seul schéma cohérent. Généralement, un système d'intégration repose sur les trois niveaux suivants (Figure 1.1) : (1) niveau sources, (ii) niveau intégration et (iii) niveau clients.

1. *Le niveau sources*: ce niveau comporte les différentes sources de données. A l'aide d'un adaptateur (wrapper), il est capable de communiquer avec le niveau intégration, en lui fournissant une vue homogène de la source à laquelle il est associé. Un adaptateur accepte une requête donnée dans le langage commun du système d'intégration, la transcrit dans le langage natif de la source et exécute la requête. Le résultat de la requête transmis sous forme native est alors transformé suivant le modèle de données global du système intégré et renvoyé à celui-ci.

2. *Le niveau intégration*: ce niveau joue un rôle actif dans le système d'intégration entre les applications utilisateurs et les sources de données. Il comporte une interface (schéma global) permettant aux éléments du niveau client d'accéder d'une manière transparente aux sources de données qui sont hétérogènes et distribuées. Cette interface peut être une couche sans données propres (approche médiateur) ou une couche contenant, sous une forme qui lui est propre, une duplication des données pertinentes des sources (approche entrepôt).

3. *Le niveau clients*: ce niveau comporte les applications clientes telles que les navigateurs, les programmes d'application, les interfaces graphiques, etc.

Plusieurs approches et systèmes d'intégration ont été proposés dans la littérature. Il est très difficile de classer ces systèmes d'intégration. La plupart des études les classent en utilisant un seul critère. Certaines études

*1.2. Intégration des données*

désignent deux catégories de systèmes d'intégration, ceux utilisant l'approche GaV (*Global as View*) et ceux utilisant l'approche LaV (*Local as View*) [Lenzerini, 2002]. D'autres contributions font la distinction entre les systèmes utilisant une seule ontologie, une ontologie multiples et une ontologie partagée [Wache et al., 2001]. Quelques autres travaux se concentrent sur le lieu des données et distinguent les approches virtuelles (médiateurs) et les approches matérialisées (l'entrepôt) [Solar and Doucet, 2002]. Dans [Bellatreche et al., 2004], les auteurs proposent une classification regroupant ces trois critères mais leur classification ne prend pas en compte la fusion des résultats d'une requête. Ainsi, nous considérons deux autres critères liés à la fusion de données: (i) la méthode de réconciliation des données qui sépare les systèmes d'intégration en système supposant l'existence d'un identifiant commun et système utilisant des méthodes de statistique pour identifier les similarités entre les instances; et (ii) la capacité de fusion des données qui distingue les systèmes qui résolvent les conflits des données, ceux qui les évitent et ceux qui les ignorent. Une classification considérant ces cinq critères permet de faciliter la compréhension des caractéristiques, des avantages et des faiblesses des systèmes existants.

### 1.2.3.1 Le degré de matérialisation

Les systèmes d'intégration peuvent se caractériser par la façon dont ils gèrent les données des sources à intégrer. Il existe deux approches fondamentales : l'approche matérialisée [Inmon, 1999] et l'approche virtuelle [Wiederhold, 1992]. La première consiste à dupliquer (matérialiser) les données des sources à intégrer dans un entrepôt de données. L'approche virtuelle, quant à elle, laisse les données dans les sources, elles sont consultées via ce qui est appelé un médiateur. Il existe également des approches

*Chapitre 1. Intégration des données et ontologies*

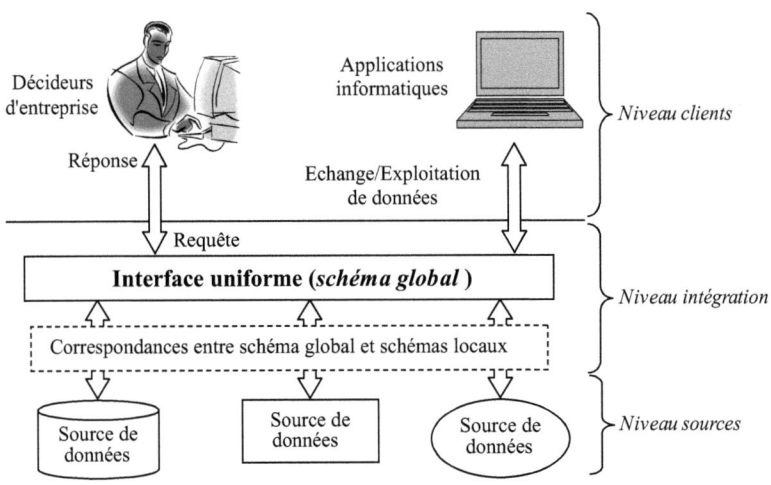

FIG. 1.1 – Les trois niveaux d'un système d'intégration

hybrides qui sont apparues par la suite et qui tentent de rallier les avantages des deux approches.

**L'approche matérialisée (entrepôt de données)**

Un entrepôt de données (Data Warehouse) répond aux problèmes de données surabondantes et localisées sur de multiples systèmes hétérogènes. C'est une architecture capable de servir de fondation aux applications décisionnelles. Pour être exploitables, toutes les données provenant des différentes sources doivent être *organisées*, *coordonnées*, *intégrées* et enfin *stockées* pour donner à l'utilisateur une vue globale des informations [Hacid and Reynaud, 2004]. Les entrepôts de données stockent physiquement les données des sources réparties, on parle ici de la migration des données, c'est pour cette raison que cette approche est appelée "*matérialisée*".

## 1.2. Intégration des données

Un des précurseurs du concept d'entrepôt de données, *Bill Inmon* [Inmon, 1999], le définit comme suit : "*Un entrepôt est une collection de données orientées sujet, intégrées, non volatiles et historiées, organisées pour le support d'un processus d'aide à la décision*".

Cette définition indique que les données d'un entrepôt sont:

- **Orientées sujet** : Les données sont classées par thèmes et l'intégration dans une structure unique est nécessaire pour éviter aux données concernées par plusieurs sujets d'être dupliquées.
- **Intégrées** : Avant d'être stockées dans l'entrepôt, les données, provenant de plusieurs sources hétérogènes, doivent êtres mises en forme et unifiées pour avoir un état logique.
- **Non volatiles** : Les données sont stables et non modifiables. Un entrepôt de données doit garantir qu'une requête lancée des dates différentes, sur les mêmes données, donne toujours les mêmes résultats. De plus, les données d'un entrepôt sont mises à jour périodiquement, ce ne sont donc pas des informations en temps réel.
- **Historiées** : Les données sont historiées et donc datées, l'historisation est nécessaire pour suivre dans le temps, l'évolution des différentes valeurs des indicateurs à analyser. Ainsi, un référentiel temps doit être associé aux données afin de permettre l'identification de valeurs précises dans la durée.

Un entrepôt est donc une sorte de point focal stockant en un point unique toute l'information utile provenant de différentes sources externes.

Quelques projets spécifiques d'entrepôts de données servent actuellement de références, en particulier, le projet européen DWQ (Data Warehouse Quality) [Jarke and Vassiliou, 1997] et le projet WHIPS de l'université de Stanford - USA [Hammer et al., 1995].

*Chapitre 1. Intégration des données et ontologies*

**L'approche virtuelle (Médiateur)**

Un *système de médiation* est un outil puissant permettant un accès simple aux différentes informations collectées de sources de données pouvant être très disparates. Il intègre des données diverses afin de pouvoir offrir à l'utilisateur une vue centralisée et uniforme des données en masquant les caractéristiques spécifiques à leur localisation, méthode d'accès et formats.

*Gio Wiederhold* [Wiederhold, 1992] a défini un médiateur de la façon suivante : "*Un médiateur est un module logiciel qui exploite la connaissance de certains ensembles ou sous-ensembles de données pour créer de l'information pour des applications à un niveau supérieur*".

L'approche " médiateur " consiste à définir une interface entre l'agent (humain ou logiciel) qui pose une requête et l'ensemble des sources accessibles potentiellement pertinentes pour y répondre. L'objectif est de donner l'impression d'interroger un système centralisé et homogène; alors que les sources interrogées sont réparties, autonomes et hétérogènes.

Un médiateur comprend un schéma global, dont le rôle est central, qui est un modèle du domaine d'application du système fournissant un vocabulaire structuré servant de support à l'expression des requêtes. Par ailleurs, il établit une connexion entre les différentes sources accessibles. En effet, dans cette approche, l'intégration d'informations est fondée sur l'exploitation de vues abstraites décrivant de façon homogène et uniforme le contenu des sources d'informations. Les sources d'informations pertinentes, pour répondre à une requête, sont calculées par réécriture de la requête en termes de ces vues. Le problème consiste à trouver une requête qui, selon le choix de conception du médiateur, est équivalente ou implique logiquement, la requête de l'utilisateur mais n'utilise que des vues. Les réponses à la re-

## 1.2. Intégration des données

quête posée sont ensuite obtenues en évaluant les réécritures de cette requête sur les extensions des vues.

L'approche médiateur présente l'intérêt de pouvoir construire un système d'interrogation de sources de données sans toucher aux données qui restent stockées dans leurs sources d'origine. Ainsi, le médiateur ne peut pas évaluer directement les requêtes qui lui sont posées car il ne contient pas de données, ces dernières étant stockées de façon distribuée dans des sources indépendantes. L'interrogation effective des sources se fait via des adaptateurs (wrappers), qui traduisent les requêtes réécrites en termes de vues dans le langage de requêtes spécifique accepté par chaque source [Hacid and Reynaud, 2004].

L'approche virtuelle a été utilisée dans un nombre important de projets. Les premiers projets se sont appuyés sur des sources de données relationnelles (MULTIBASE [Dayal, 1983], Information Manifold [Levy et al., 1996]). Avec l'avènement des systèmes de bases de données objets ou orientées objets, il a fallu tenir compte de ce nouveau modèle de données dans les architectures de médiation (PEGASUS [Ahmed et al., 1991], GARLIC [Roth et al., 1996]). Enfin, récemment, sont apparues des sources à base de données semi-structurées, et les nouvelles architectures de médiation ont dû s'adapter (TSIMMIS [Chawathe et al., 1994], Infomaster [Genesereth et al., 1997], NIMBLE [Draper et al., 2001])

**L'approche hybride**

Dans une approche hybride, une partie des données est traitée et entièrement matérialisée, une deuxième partie reste au niveau des sources (non matérialisé), et une troisième partie est partiellement matérialisée. Le médiateur utilise un catalogue qui lui permet de localiser les données.

*Chapitre 1. Intégration des données et ontologies*

La combinaison de l'intégration par médiation et par entreposage peut être une solution pertinente pour la gestion et l'analyse des données [Favre et al., 2005]. Dans le cas où l'intégration des données est un contexte particulier, du fait que les sources de données soient des bases de données ou des applications, ces dernières génèrent des informations multiples de façon fréquente. La médiation nous dispense ainsi des tâches de rafraîchissement des données qui risquent d'être très coûteuses. Sa vocation est de fournir seulement à l'utilisateur des données. Cependant, celle-ci sont sous un format non approprié à l'analyse. L'approche d'entreposage contribue alors à remédier à ce problème en permettant à l'utilisateur de construire des contextes d'analyses ciblant ses objectifs.

Comme exemple de système adoptant l'approche hybride on peut citer les projets *Xyleme*[3] et *Picsel 3*[4]. Ils existent également d'autres travaux de recherche qui ont adopté cette approche tels que [Hull and Zhou, 1996, Alasoud et al., 2005].

### 1.2.3.2 La correspondance entre schéma global et schémas locaux

Les systèmes d'intégration de données peuvent être classifiés suivant la relation entre les schémas des sources locales par rapport au schéma global. Ce critère n'a que peu d'intérêt dans une approche matérialisée. En revanche, il est très important de considérer ce critère dans une approche virtuelle. Les requêtes étant posées au médiateur, celui-ci doit être en mesure de transformer ces requêtes en sous-requêtes sur les sources de données. Il est donc nécessaire de garder une mise en correspondance permanente entre le médiateur et les sources de données. Classiquement, on trouve

---
[3] http://www.xyleme.com
[4] http://www.lri.fr/ sais/picsel3

## 1.2. Intégration des données

dans la littérature deux approches pour construire le schéma médiateur d'un système d'intégration. L'approche GaV (*Global as View*) [Chawathe et al., 1994] et l'approche LaV (*Local as View*). D'autres approches ont apparues par la suite, notamment, l'approche GlaV (*Generalized Local as View*) [François Goasdoué et al., 2000, Levy et al., 1996, Reynaud and Giraldo, 2003].

**L'approche GaV (Global as View)**

L'approche GaV est la première à être proposée, provient du monde des bases de données fédérées. Elle consiste à définir à la main (ou de façon semi-automatique) le schéma global en fonction des schémas des sources de données à intégrer (schémas locaux). Chaque schéma local est défini comme étant un ensemble de relations (ou de prédicats) et les relations globales sont définies comme étant des vues sur les relations des schémas des sources à intégrer.

Comme les requêtes d'un utilisateur s'expriment en termes de prédicats du schéma global, on obtient facilement une requête en termes de schémas des sources de données intégrées, en remplaçant les prédicats du schéma global par leurs définitions.

Parmi les systèmes utilisant GaV, on peut citer TSIMMIS [Chawathe et al., 1994] et MOMIS [Beneventano et al., 2000] et GARLIC [Roth et al., 1996].

### 1.2.3.3 L'approche LaV (Local as View)

L'approche LaV est l'approche duale, elle suppose l'existence d'un schéma global et consiste à définir les schémas des sources de données

*Chapitre 1. Intégration des données et ontologies*

à intégrer comme des vues du schéma global.

Dans l'approche LaV, la requête sur le schéma global doit être reformulée suivant les schémas des sources locales. Cette reformulation (réécriture) des requêtes est une tâche complexe qui nécessite une inférence ; De plus, la complexité de cette inférence grandit avec l'augmentation du nombre de sources. En revanche, l'ajout (ou la suppression) des sources de données n'a aucun effet sur le médiateur, seules des vues doivent être ajoutées (ou supprimées). De même, un changement local de schéma est pris en compte en mettant à jour la vue locale. Autre avantage, si les données des sources locales n'ont pas le même format ceci ne pose aucun problème car en utilisant cette approche, chaque source peut être décrite séparément par un mécanisme de vue spécifique à son format. Il est à noter que l'approche LaV aura un problème de passage à l'échelle si le schéma global change, dans ce cas tous les schémas locaux doivent être redéfinis.

Les principaux systèmes développés autour de cette approche sont : Infomaster [Genesereth et al., 1997], PICSEL [François Goasdoué et al., 2000] et Information Manifold [Levy et al., 1996].

### 1.2.3.4 L'approche Generalized Local as View (GLaV)

GLaV est une variante de l'approche LaV. Elle permet de contenir une conjonction de relations d'une même source sous forme de jointure dans la tête des règles de définition de vue. Cela offre à cette approche un pouvoir d'expression strictement supérieur à celui de GaV et de LaV réunis. La complexité de réponse aux requêtes, quant à elle, n'est pas plus importante que dans LaV [Friedman et al., 1999]. Comme exemple de système d'intégration adoptant l'approche GLaV on cite le projet PIAZZA [Halevy et al., 2003].

*1.2. Intégration des données*

**1.2.3.5 Automaticité du processus de mapping**

On peut distinguer trois principales générations d'approches selon la nature du mapping entre schéma global et schémas locaux, à savoir les approches manuelles, semi-automatiques et automatiques. La première génération de systèmes d'intégration est celle des systèmes à intégration manuels. Ensuite, avec l'apparition des ontologies, une seconde génération de systèmes d'intégration a vu le jour. Il s'agit des systèmes d'intégration semi-automatiques qui se basent sur l'utilisation des ontologies linguistiques. Enfin, la génération la plus récente comprend les systèmes d'intégration entièrement automatiques qui se basent sur l'utilisation des ontologies conceptuelles. Ce critère d'automaticité devient essentiel lorsque l'on veut intégrer un nombre important de sources de données indépendantes.

**1.2.3.6 Intégration manuelle**

L'intégration manuelle de données était la technique utilisée dans les premières générations de systèmes d'intégration. Cette génération est apparue dans les années 90 [Breitbart et al., 1990, Merle et al., 1996, Parent and Spaccapietra, 1996, Sheth and Larson, 1990] où l'objectif des systèmes d'intégration était principalement d'automatiser l'interopérabilité syntaxique de données. Les conflits sémantiques, quant à eux, étaient résolus d'une façon manuelle, puisque seul un observateur humain pouvait interpréter la sémantique des données, ces approches laissaient donc à l'administrateur (ou l'utilisateur) la responsabilité du processus d'intégration.

Ces méthodes fournissent un langage de manipulation de schémas que l'administrateur va utiliser pour construire lui-même (si le langage est procédural) ou spécifier (si le langage est déclaratif) le schéma intégré [Parent and Spaccapietra, 1996]. Les langages procéduraux offrent des primitives

*Chapitre 1. Intégration des données et ontologies*

de transformation de schéma qui permettent de restructurer les schémas initiaux jusqu'à ce qu'ils puissent être fusionnés en un seul schéma. Le système génère alors automatiquement les règles de traduction entre les schémas initiaux et le schéma intégré. Les langages déclaratifs sont plus faciles à utiliser, mais l'établissement des règles de traduction par le système est plus délicat. Les stratégies manuelles supposent la connaissance par l'administrateur de la structure du schéma intégré.

Trois méthodes typiques d'intégration manuelle sont à citer: (1) les systèmes de multi-bases de données, (2) la fédération des bases de données et (3) les standards de représentation.

### 1.2.3.7 Intégration semi-automatique

L'apparition de la deuxième génération des systèmes d'intégration est motivée par la limite des approches de la première génération. Les approches d'intégration manuelles sont très coûteuses et même impraticables lorsque le nombre de sources de données est important et/ou lorsque les sources évoluent fréquemment. D'où la nécessité de traitements plus automatisés pour faciliter la résolution des conflits sémantiques.

Afin d'atteindre une telle intégration partiellement automatique des différentes sources de données, plusieurs groupes de recherche ont développé des techniques d'intégration basées sur des ontologies. Le rôle d'une ontologie est de servir de pivot pour définir la sémantique des différentes données à l'aide de concepts communs et formalisés compréhensibles et admis par tous les utilisateurs.

Les systèmes d'intégration semi-automatique utilisent des ontologies linguistiques (thésaurus) pour identifier automatiquement ou semi - automatiquement d'abord les termes clés du domaine puis quelques relations sémantiques entre les termes (noms des relations ou des attributs) utilisées dans les sources de données.

Une ontologie linguistique est une ontologie qui décrit l'ensemble des termes apparaissant dans la description langagière d'un domaine et les relations qui les relient. Dans cette catégorie d'ontologies, outre des relations entre concepts représentées par des termes (par exemple, "subsumée par" pour la relation de subsomption), des relations entre termes (par exemple, la synonymie, l'antinomie, l'hyperonymie) sont également définies. [Bellatreche, 2011]

Le projet MOMIS [Beneventano et al., 2000] est un exemple de projet d'intégration utilisant des ontologies linguistiques qui vise à intégrer semi-automatiquement des données de sources structurées et semi-structurées.

#### 1.2.3.8 Intégration automatique

Dans les deux générations précédentes, la sémantique des sources n'est pas explicitée. Les systèmes d'intégration de la troisième génération associent aux données, une ontologie conceptuelle qui en définit le sens. Une ontologie conceptuelle est *"une spécification explicite et formelle d'une conceptualisation faisant l'objet d'un consensus"* [Jean et al., 2006b]. Dans une ontologie conceptuelle, le monde réel est appréhendé à travers des concepts représentés par des classes et des propriétés. Les mots d'un langage naturel peuvent être associés aux concepts pour contribuer à leurs définitions. Mais c'est l'ensemble des caractéristiques associées à un concept ainsi que ses liens formels avec les autres concepts qui en définissent le sens. Une ontologie conceptuelle regroupe ainsi les définitions d'un ensemble structuré de concepts qu'elle veut représenter. Ces définitions sont traitables par machine et partageables par les utilisateurs du système. Elles

*Chapitre 1. Intégration des données et ontologies*

doivent, en plus, être explicites, c'est-à-dire que toute la connaissance nécessaire à leur compréhension doit être spécifiée. La référence à une telle ontologie est alors utilisée pour éliminer automatiquement les conflits sémantiques entre les sources dans le processus d'intégration de données. L'intégration de données peut être entièrement automatisée.

Les approches d'intégration utilisant des ontologies conceptuelles sont nettement meilleures que celles utilisant des ontologies linguistiques du fait qu'elles sont :

1. Plus rigoureuses car les concepts sont définis avec plus de précision et l'appariement peut être plus argumenté.
2. Facilement outillables si les différentes ontologies sont basées sur le même modèle, (OWL[5] ou PLIB[6] par exemple). Une correspondance entre ontologies peut être exploitée par des programmes génériques pour intégrer les données correspondantes.

PICSEL [François Goasdoué et al., 2000], OBSERVER [Mena et al., 1996], OntoBroker [Decker et al., 1998], KRAFT [Visser et al., 1999], COIN [Goh et al., 1999] représentent quelques exemples de systèmes à intégration automatique.

Plusieurs approches d'intégration automatique à base ontologique ont été développées. Elles dépendent de la *représentation de la sémantique des données* et l'*intégration sémantique*.

Ces approches d'intégration automatiques peuvent être classifiées suivant le type d'architecture d'intégration à base ontologique [Wache et al., 2001] en trois architectures : (1) l'architecture avec une ontologie globale où il n'y a qu'une seule et unique ontologie, (2) l'architecture avec des

---

[5] http://www.w3.org/TR/2004/REC-owl-features-20040210/
[6] http://www.plib.ensma.fr

*1.2. Intégration des données*

ontologies locales où chaque source possède sa propre ontologie développée indépendamment des autres sources. Il y a donc des correspondances à faire entre les ontologies locales. Et enfin, (3) l'architecture hybride où chaque source possède sa propre ontologie. Toutefois, toutes les ontologies locales sont mises en relation avec une ontologie partagée.

### 1.2.3.9 Méthodes de réconciliation des données

Une fois un système d'intégration est construit, il doit supporter les requêtes des utilisateurs, en identifiant d'abord les sources pertinentes pour une requête donnée et ensuite réconcilier le résultat de cette requête. La réconciliation est l'identification des instances venant de différentes sources qui désignent la même entité du monde réel. Pour accomplir cette tâche, deux tendances émergent: (1) la supposition de l'existence d'un identifiant commun et (2) la réconciliation en utilisant des méthodes de statistique.

**Systèmes supposant l'existence de l'identifiant commun**

Plusieurs systèmes tels que TSIMMIS [Chawathe et al., 1994] et Infomix [Leone et al., 2005] supposent que les différentes entités des sources représentant le même concept ont un identifiant global commun. Cet identifiant permet la réconciliation des résultats d'une requête en utilisant les opérations relationnelles (jointure, union et leurs variantes)

**Systèmes utilisant la réconciliation des références**

Des systèmes tels que HumMer [Bilke et al., 2005] et Ajax [Galhardas et al., 2000] utilisent des méthodes de statistique pour identifier les instances similaires. Ces systèmes relâchent l'hypothèse de l'existence de

*Chapitre 1. Intégration des données et ontologies*

l'identifiant global commun, et les instances du résultat d'une requête sont comparées deux à deux en utilisant une approche de similarité et un seuil. Plus précisément, en utilisant une mesure de similarité qui calcule la similarité entre deux instances, ils déterminent ceux qui réfèrent à la même entité du monde réel (doublons) et ceux qui réfèrent à des entités différentes du monde réel.

### 1.2.3.10  Capacité de fusion des données

Le rôle de la fusion des données est de combiner les tuples se référant à la même entité du monde réel en fusionnant leurs attributs en une représentation unique. On peut distinguer différentes stratégies de fusion de données. Comme les systèmes peuvent mettre en œuvre une ou plusieurs de ces stratégies, nous présentons les systèmes classés par la stratégie la plus puissante qu'ils sont capables d'utiliser. Les systèmes existants peuvent être classés en quatre groupes [Bleiholder and Naumann, 2008]: (1) systèmes résolvant les conflits, (2) systèmes évitant les conflits, (3) systèmes ignorant les conflits et (4) systèmes ne considérant pas les conflits.

**Systèmes résolvant les conflits**

Les systèmes à résolution des conflits (exemple: Hermes [Adali and Emery, 1995] et Fusionplex [Motro et al., 2004]) sont les systèmes les plus avancés dans la fusion des données. Ils sont capables d'effectuer la résolution des conflits en implémentant des stratégies de décision et de médiation basées sur les métadonnées ou sur les instances.

*1.2. Intégration des données*

**Systèmes évitant les conflits**

Les systèmes à évitement des conflits (exemple: SIMS [Arens and Knoblock, 1993] et ConQuer [Fuxman et al., 2005]) sont la classe suivante de systèmes. Ils reconnaissent les conflits de données et les traitent par évitement. Cet évitement est effectué par la mise en œuvre des stratégies basées sur les métadonnées ou sur les instances.

**Systèmes ignorant les conflits**

Les systèmes à ignorance des conflits (exemple: Pegasus [Ahmed et al., 1991] et Nimble [Draper et al., 2001]) n'implémentent ni des méthodes de résolution ni des méthodes d'évitement des conflits; ils ignorent simplement les conflits.

**Systèmes ne considérant pas les conflits**

Enfin, nous regroupons dans cette classe tous les autres systèmes qui n'implémentent pas les techniques de fusion des données (exemple: Information Manifold [Levy et al., 1996] et le projet Garlic [Roth et al., 1996]). Ces systèmes ne gèrent pas les conflits lors de l'intégration des données provenant de différentes sources.

### 1.2.3.11 Positionnement de notre système d'intégration

Ce tour d'horizon des différentes approches d'intégration selon les cinq critères nous permet de positionner notre système d'intégration (proposé dans les chapitres 5 et 6) en précisant l'emplacement des donnés, le type et la nature du mapping, la méthode de réconciliation et la capacité de fusion

*Chapitre 1. Intégration des données et ontologies*

des données.

L'existence a priori d'une ontologie conceptuelle de domaine consensuelle permet une intégration automatique des différentes sources de données. Les approches d'intégration sémantique a priori existant dans la littérature ont néanmoins deux inconvénients majeurs : (1) elles interdisent de représenter des concepts qui n'existent pas dans l'ontologie partagée et (2) elles imposent de calquer la structure de la base de données sur la structure de l'ontologie.

Notons que ce point de vue a priori est assez similaire de celui adopté dans le système d'intégration OntoDaw [Xuan et al., 2008] pour une architecture matérialisée des bases de données à base ontologique. Dans ce système également, chaque source doit a priori importer son ontologie à partir d'une ontologie de domaine. Cette approche qui peut se classifier comme une approche matérialisée, GaV et automatique, possède une différence avec notre propre approche du fait que OntoDawa suppose l'existence d'un identifiant commun et ignore les conflits qui peuvent exister entre les données.

La majorité des systèmes d'intégration, face à la réconciliation des données, supposent l'existence d'un identifiant commun ou utilisent des méthodes de statistique pour identifier les similarités entre les instances. L'exigence de l'identifiant global est une hypothèse forte qui viole l'autonomie des sources alors que la réconciliation probabiliste ne donne pas de résultats exacts, ce qui n'est pas souhaitables dans certaine applications sensibles.

Dans notre système nous voulons relâcher les exigences des systèmes d'intégration à priori et l'hypothèse de l'identifiant commun tout en assurant des résultats exacts. Donc nous nous plaçons dans le cas d'une approche virtuelle (médiateur). Nous souhaitons effectuer une intégration sémantique de manière automatique. Nous nous intéressons de ce fait aux approches à base d'ontologies conceptuelles. Nous allons faire une réconciliation exacte avec une fusion de données résolvant les conflits. Ceci correspond à la configuration (Médiateur / hybride - GaV - Automatique - Réconciliation exacte - Résolution des conflits)

## 1.3 Les ontologies

### 1.3.1 Taxonomies et modèle formel des ontologies

Une classification des ontologies proposée par Guy Pierra [Pierra, 2003] se base sur le principe suivant : un domaine peut être conceptualisé comme un ensemble de mots ou comme un ensemble de concepts. Les ontologies qui décrivent des mots sont dites des ontologies linguistiques. Celles qui décrivent des concepts sont dites des ontologies conceptuelles.

1. *Ontologies linguistiques* (OL): Dans ces ontologies, les mots et l'usage contextuel de ces mots dans un domaine d'étude particulier sont définis. Ces ontologies visent à définir le sens des mots et les relations linguistiques entre ces mots. Pour la représentation d'ontologies de domaine, ce type d'ontologie utilise, outre des définitions textuelles, un certain nombre de relations linguistiques (synonyme, antonyme, hyperonyme, etc.) pour capturer de façon approximative et semi-formelle les relations entre les mots. La construction de telles ontologies est également souvent faite de façon semi-formelle par un processus d'extraction de termes dans un ensemble de documents du domaine, et qui est ensuite validé et structuré par un expert du domaine. WordNet

*Chapitre 1. Intégration des données et ontologies*

[Miller, 1995] est un exemple d'ontologies linguistiques.

2. **Ontologies conceptuelles** : Les ontologies Conceptuelles (formelles) constituent des spécifications explicites de conceptualisations de domaines indépendamment de leurs représentations dans un langage particulier. Elles permettent de définir formellement les concepts de ce domaine et les relations entre ces concepts. Les ontologies conceptuelles adoptent une approche de structuration de l'information en termes de classes et de propriétés et leur associent des identifiants réutilisables dans différents langages. Ce type d'ontologies vise à répondre aux questions du genre : "Est-ce que deux instances données appartiennent à une même classe ? Une classe est-elle subsumée par une autre classe ? Quelles sont les instances d'une classe donnée respectant un certain critère ?".

Nous distinguons deux catégories d'ontologies conceptuelles : les ontologies canoniques et les ontologies non canoniques.

– *Ontologies conceptuelles canoniques* (OCC): Dans ces ontologies, chaque concept est décrit de manière unique. Elles comprennent uniquement des concepts qui sont dits primitifs (pour lesquels il n'est pas possible de donner une définition purement axiomatique). Ce type d'ontologies est utilisé pour l'échange des données. PLIB[7] est un exemple de modèle d'ontologie qui définit des ontologies conceptuelles canoniques.

– *Ontologies conceptuelles non-canoniques* (OCNC) : Dans ces ontologies, des constructeurs sont utilisés pour exprimer l'équivalence entre les concepts. L'objectif de cela est de permettre une indépendance dans la conception de base. Ces ontologies comprennent ainsi non seulement des concepts primitifs mais aussi des concepts dé-

---

[7]http://www.plib.ensma.fr

*1.3. Les ontologies*

finis (auxquels une définition axiomatique est fournie à travers des conditions nécessaires et suffisantes exprimées en fonction d'autres concepts). Ils se concentrent donc sur l'équivalence entre concepts afin de les comparer, de les classer ou de les lier. Un exemple de modèle d'ontologie qui définit des ontologies conceptuelles non-canoniques est OWL[8].

### 1.3.2 Représentation formelle d'une ontologie

Formellement, une ontologie conceptuelle canonique peut être représentée comme un quadruplet $O :< C, \mathcal{P}, Sub, \mathcal{A}pplic >$ [Pierra, 2003] où :

- $C$ : l'ensemble des classes utilisées pour décrire les concepts d'un domaine donné. Chaque classe est associée à un identifiant universel globalement unique (GUI).
- $\mathcal{P}$ : l'ensemble des propriétés utilisées pour décrire les instances de l'ensemble des classes $C$. Nous supposons que $\mathcal{P}$ définit toutes les propriétés susceptibles d'être présentes dans une base de données. Chaque propriété est associée à un identifiant universel globalement unique.
- $Sub : C \rightarrow 2^C$ (avec $2^C$ représente l'ensemble des parties de $C$) est la relation de subsomption (*is-a* et *is-case-of*) qui, à chaque classe $c$ de l'ontologie, associe ses classes subsumées directes. $Sub$ définit un ordre partiel sur $C$.
- $\mathcal{A}pplic$ : $\mathcal{A}pplic : C \rightarrow 2^{\mathcal{P}}$ associe à chaque classe de l'ontologie les propriétés qui sont applicables pour chaque instance de cette classe. Les propriétés qui sont applicables sont héritées à travers la relation *is-a* et peuvent être importées de façon explicite à travers la relation

---
[8]http://www.w3.org/TR/2004/REC-owl-features-20040210/

*Chapitre 1. Intégration des données et ontologies*

*is-case-of.*

## 1.4 Sources de données à base ontologique

Des nouvelles architectures de bases de données, appelées bases de données à base ontologique (BDBO), qui permettent de gérer simultanément des ontologies et des données qui les référencent, sont proposées. Ces BDBOs mettent en œuvre différentes techniques pour gérer les données et les ontologies qui en définissent le sens [Alexaki et al., 2001, Broekstra et al., 2002, Park et al., 2007]. Une BDBO possède les trois caractéristiques suivantes :

1. Les ontologies et les données sont représentées dans la même base de données et peuvent faire l'objet de mêmes traitements (insertion, mise à jour, requêtes, etc.).

2. Toute donnée est associée à un élément ontologique qui en définit le sens et inversement, tout élément ontologique permet d'accéder aux données qui lui correspondent.

3. L'ontologie locale à la base de données possède éventuellement des références vers des ontologies externes.

On retrouve dans une BDBO, les deux parties *catalogue système* et *données stockées*, présentes dans chaque base de données. On retrouve également, ce qui caractérise les BDBOs, des ontologies, stockées au sein de la même base de données et définissant la sémantique des données.

De nombreuses BDBOs ont été proposées dans la littérature incluant Sesame [Broekstra et al., 2002], RDFSuite [Alexaki et al., 2001], Jena [McBride, 2001, Wilkinson et al., 2003, Carroll et al., 2004], OntoDB

[Pierra et al., 2004, Dehainsala et al., 2007], DLDB [Pan and Heflin, 2003], RStar [Ma et al., 2004], KAON [Bozsak et al., 2002], 3Store [Harris and Gibbins, 2003] et PARKA [Stoffel et al., 1997].

Une base de données à base ontologique est définie formellement selon [Dehainsala et al., 2007] comme un quadruplet : $< O, I, Sch, \mathcal{P}op >$, avec :

- $O$ représente son ontologie ($O :< C, \mathcal{P}, Sub, \mathcal{A}pplic >$)
- $I$ représente l'ensemble des instances de données de la base de données. La sémantique de ces instances est décrite par l'ontologie $O$ en les caractérisant par des classes et des propriétés définies dans l'ontologie partagée.
- $Sch: C \rightarrow 2^{\mathcal{P}}$, associe à chaque classe $c$ les propriétés applicables pour cette classe et qui sont effectivement utilisées pour décrire toutes ou une partie des instances de $\mathcal{P}op(c)$. Pour toute classe $c$, $Sch(c)$ doit satisfaire : $Sch(c) \subseteq \mathcal{A}pplic(c)$.
- $\mathcal{P}op : C \rightarrow 2^{I}$, associe à chaque classe les instances qui lui appartiennent (directement ou par l'intermédiaire des classes qu'elle subsume). $\mathcal{P}op(c)$ constitue donc la population de $c$.

## 1.5 Conclusion

Dans ce chapitre, nous avons défini les problèmes liés à l'intégration de données, à savoir l'hétérogénéité des données qui provient de choix différents qui sont faits pour représenter les mêmes faits du monde réel. Le défi fondamental lors de l'intégration est d'une part, l'identification de conflits entre les concepts dans des sources différentes, d'autre part, la résolution de ces conflits entre les concepts sémantiquement liés. Une taxonomie des conflits sémantiques qu'il convient de résoudre a été présentée :

*Chapitre 1. Intégration des données et ontologies*

(1) conflits technologiques, (2) conflits des schémas et (3) conflits des instances. Nous avons présenté également, un cadre formel de l'intégration de. Nous avons proposé une classification des approches d'intégration de données existantes. Cette classification est faite en se basant sur les cinq critères orthogonaux suivants: (1) la représentation de données intégrées, (2) le mapping entre schéma global et schéma local, (3) la nature du processus d'intégration, (4) la méthode de réconciliation des données et (5) la capacité de fusion des données.

Nous avons vu que parmi les approches d'intégration de données, l'utilisation d'ontologies conceptuelles était une solution assurant l'automatisation du processus d'intégration sémantique de données. Bien évidemment, notre objectif est de proposer un système d'intégration offrant une intégration automatique. Nous avons présenté ensuite, le concept d'ontologie ainsi que celui des bases de données exprimant la sémantique de leurs données à travers les ontologies. Les ontologies étant des modèles permettant d'expliciter la sémantique d'un domaine d'étude, elles se posent comme une solution pertinente pour résoudre l'hétérogénéité sémantique entre les différentes sources de données d'un même domaine. Nous avons étudié cette notion afin de définir et de déterminer précisément leurs apport dans l'intégration des sources de données hétérogènes. Après avoir donné une taxonomie des ontologies, nous avons donné une définition formelle d'une ontologie. Par ailleurs, concernant le stockage en base de données des ontologies et de leurs instances, nous avons vu que certain type des BD-BOs permettent la modification du modèle d'ontologies utilisé. Ceci étant nécessaire dans notre travail afin de représenter les nouveaux concepts de notre système d'intégration.

Chapitre 2

# Annotation des données

## Sommaire

| | | |
|---|---|---|
| 1 | Introduction .......................... | 49 |
| 2 | Définitions ........................... | 51 |
| 3 | Type d'annotation ..................... | 52 |
| | 3.1   Annotation manuelle ............... | 52 |
| | 3.2   Annotation automatique et semi-automatique .... | 53 |
| 4 | Projets de systèmes d'annotation .............. | 54 |
| | 4.1   Frameworks d'annotation .............. | 56 |
| | 4.2   Outils d'annotation .................. | 56 |
| 5 | Annotation des bases de données .............. | 58 |
| 6 | Conclusion .......................... | 59 |

**Résumé.** Le chapitre 2 dresse un état de l'art de l'annotation des données. Commençant par la présentation des définitions de l'annotation sémantique des données. Ensuite nous présentons les deux types du processus de l'annotation à savoir manuel et automatique. Nous exposons après dans chapitre, une classification des projets de systèmes d'annotation, nous donnons des exemples pour chaque catégorie. Enfin de ce chapitre, nous nous

*Chapitre 2. Annotation des données*

concentrons sur l'annotation dans le domaine des bases de données.

# 1 Introduction

La principale contribution de cette thèse est l'annotation des propriétés ontologique afin d'optimisation les requêtes sur le système d'intégration. Pour cela nous avons vus nécessaire de faire un petit tour d'horizon des techniques d'annotation dans les différents domaines. Bien que notre proposition d'annotation ne s'inscrit pas parfaitement dans l'in de ces domaine, mais le principe et les objectifs sont les mêmes.

La sémantique est sans doute l'élément le plus important dans la propulsion du Web à la prochaine phase, et est étroitement pris en charge par les services Web et les processus Web qui fournissent l'interopérabilité des applications à base de standards [Sheth and Ramakrishnan, 2003]. La sémantique est considérée comme le meilleur cadre pour faire face à l'hétérogénéité, massive, et la nature dynamique des ressources sur le Web. Les problèmes relatifs à la sémantique ont été abordés dans d'autres domaines comme la linguistique, la représentation des connaissances, et l'intelligence artificielle. La promesse de la sémantique et les défis dans le développement de techniques sémantiques ne sont pas nouvelles pour les chercheurs dans le domaine des bases de données et système d'information. Les chercheurs à la fois de base de données et non la base de données se sont ont identifié plusieurs opportunités à la recherche de base de données autre tout en répondant aux défis dans la réalisation du Web sémantique [Sheth and Meersman, 2002].

L'annotation du contenu hétérogène avec une sémantique fournies par ontologie pertinent (ou ontologies) a été identifié comme un défi majeur pour le Web sémantique [Sheth and Ramakrishnan, 2003]. Récemment il y a eu des résultats commerciaux offrant des annotations sémantiques détaillées de contenus hétérogènes (structurées, semi-structurées et non struc-

*Chapitre 2. Annotation des données*

turées avec différents formats) [Hammond et al., 2002], ainsi que l'annotation de rapports de recherche de plus d'un milliard de pages Web [Dill et al., 2003]. Comme observé dans les efforts de l'annotation sémantique automatique, deux ressources nécessaires pour la réalisation du Web sémantique sont : (a) la disponibilité à grande échelle des ontologies spécifiques au domaines; et (b) des techniques qui passe à l'échelle pour annoter le contenu des descriptions de métadonnées de haute qualité sur la base des termes, concepts ou de relations fournies par ces ontologies. La zone principale de défi ici est de supporter un nombre croissant de techniques pratiques et évolutives pour la désambiguïsation sémantique [Sheth and Ramakrishnan, 2003].

L'annotation prenne sa place aussi bien dans les anciens domaines que dans des domaines très récents telle que l'internet des objets (IdO) [9]. Les enjeux et les défis liés à l'internet des objets, la modélisation des données sémantiques, l'annotation, la représentation des connaissances (par exemple, la modélisation des environnements contraints, les problèmes de complexité et la dépendance des données au temps et à l'emplacement), l'intégration, l'analyse et le raisonnement sont d'actualité [Anantharam et al., 2013]. Les développements récents sur la création de modèles d'annotation et de cadres de description sémantique pour les données de l'internet des objets (par exemple comme l'ontologie du réseau de capteurs sémantique [10]) le sont également.

Dans la section suivante nous présentons tout d'abord les définitions de l'annotation des données. La section 3 présente les deux types du processus

---

[9]L'Internet des objets représente l'extension d'Internet à des choses et à des lieux du monde physique. Alors qu'Internet ne se prolonge habituellement pas au-delà du monde électronique, l'internet des objets (IdO) représente les échanges d'informations et de données provenant de dispositifs présents dans le monde réel vers le réseau Internet.

[10]http://www.w3.org/2005/Incubator/ssn/ssnx/ssn

de l'annotation à savoir manuel et automatique. Ensuite, nous exposons dans la section 4, une classification des projets de systèmes d'annotation, nous donnons des exemples pour chaque catégorie. Enfin dans la dernière section, nous nous concentrons sur l'annotation dans le domaine des bases de données.

## 2 Définitions

L'annotation sémantique de documents (texte, images ou d'autres données) joue un rôle clé dans de nombreuses applications de gestion de contenu textuel (par exemple, navigation, recherche sémantique d'information, publication). L'annotation sémantique consiste à enrichir les données avec des métadonnées dont la sémantique est donnée par un modèle sémantique formelle (par exemple langue d'indexation, thésaurus, ontologie) [Popov et al., 2004, Kiryakov et al., 2004, Uren et al., 2006]. Une représentation sémantique formelle est donc associée aux données de sorte que les moteurs de recherche ou des agents logiciels peuvent exploiter conjointement le contenu textuel (recherche plain texte, mesures de la distribution) et la sémantique formelle qui lui sont associés.

Selon W3C [Zhao et al., 2013], *annoter*, l'acte de créer des associations entre des éléments distincts d'information, est une activité omniprésente en ligne dans de nombreuses formes, mais ne dispose pas actuellement d'une approche structurée. Citoyens sur le Web font des commentaires sur les ressources en ligne en utilisant soit des outils intégrés à l'hébergement de sites Web, des services Web externes, ou la fonctionnalité d'un client d'annotation. Commentaires à propos de photos sur Flickr, des vidéos sur YouTube, des messages de personnes sur Facebook, ou mentionne des res-

*Chapitre 2. Annotation des données*

sources sur Twitter pourraient tous être considérés comme des annotations associées à la ressource en cours de discussion. En outre, il y a une pléthore de systèmes de "note collante" sur le Web fermés et propriétaires et des systèmes autonomes multimédia d'annotation. La principale plainte au sujet de ces types de systèmes est que les annotations créées par l'utilisateur ne peuvent pas être partagés ou réutilisés en raison d'une stratégie délibérée "verrouillée" dans les milieux où ils ont été créés. L'exigence minimale pour toute solution est une approche commune à l'expression de ces annotations.

W3C reconnaît la valeur et le potentiel dans les annotations de types différents, et organise un atelier [11] afin de déterminer ce que l'écosystème web a besoin pour réaliser pleinement le potentiel des annotations.

## 3 Type d'annotation

Il existe trois types d'annotation [Benyahia et al., 2009], manuelle : lorsque le document est analysé par un spécialiste du domaine ou un documentaliste, automatique : lorsque cette tâche est réalisée complètement par la machine, et semi-automatique lorsque une partie se fait automatiquement et l'intervention du spécialiste est nécessaire pour l'autre partie.

### 3.1 Annotation manuelle

L'annotation est dite manuelle [Yee, 2002, Handschuh et al., 2003] si les taches d'analyse des données est faite par un humain, spécialiste du domaine. L'annotation manuelle de corpus [Fort et al., 2012] occupe au-

---
[11] www.w3.org/2014/04/annotation/

jourd'hui une place importante en Traitement Automatique des Langues (TAL). S'agissant d'une activité humaine, il est tentant de s'en remettre aux méthodes de gestion de projet et au simple bon sens pour résoudre les problèmes qu'elle pose.

Annotation manuelle consiste à apposer des étiquettes (ou notes) de nature linguistique ou reflétant l'usage des technologies du TAL sur du discours oral ou écrit. Cela recouvre néanmoins une grande diversité de phénomènes puisque ces annotations peuvent varier dans leur nature (étiquettes phonétiques, morpho-syntaxiques, sémantiques ou de pertinence par rapport à une tâche particulière), par leur portée (elles concernent selon les cas quelques caractères, un mot, un paragraphe ou un texte considéré globalement), leur degré de couverture (tout le texte est annoté ou seulement une partie) et leur forme (de la valeur atomique à la structure de traits complexe et à la relation entre annotations, qui parfois peuvent relever de corpus différents qu'elles contribuent à aligner) [Fort, 2014].

GATE [12] est le plus connu des outils d'aide à l'annotation, prévu à l'origine pour l'annotation automatique. L'annotation manuelle est possible, des fonctionnalités intéressantes sont même proposées, mais difficile à mettre en place et utiliser.

## 3.2 Annotation automatique et semi-automatique

Le processus de l'annotation [Vargas-Vera et al., 2002, Dill et al., 2003] peut passer par plusieurs étapes tels que : L'analyse linguistique, L'analyse sémantique, L'analyse statistique, L'extraction des concepts candidats et L'annotation. Ma et al. [Ma et al., 2013] identifient deux grande familles d'approches :

---
[12]http://gate.ac.uk/

*Chapitre 2. Annotation des données*

– Un premier type d'approches de l'annotation sémantique consiste à appliquer des règles sur des segments sélectionnés par des wrappers (Ciravegna, 2003; Etzioni et al., 2004; Cimiano et al.,2004). S'agissant d'une annotation sémantique précise et spécialisée, il est difficile d'apprendre des règles pour chaque type d'annotation, à cause du grand nombre de catégories sémantiques. De plus, les règles sont souvent plus complexes que pour la reconnaissance des entités nommées, où les entités cibles ont généralement une forme particulière ou sont associées à des déclencheurs. Dans l'annotation spécialisée, les fragments de texte à annoter sont très variés et leurs frontières sont difficiles à identifier.

– Une seconde famille d'approches d'annotation sémantique repose sur des modèles statistiques ou l'apprentissage automatique (HMM (Zhou et Su, 2002; Ratinov et Roth, 2009), CRF (Finkel et Manning, 2009), et Perceptron ou Winnow (Collins, 2002)). Ces approches exploitent la richesse des ressources textuelles du Web (Dill et al., 2003; LiveMemories, 2010; Mendes et al., 2011) ou de journaux (Nadeau et Sekine, 2007; Ratinov et Roth, 2009) comme données d'entraînement pour la désambiguïsation. Le traitement de l'ambiguïté est important quand on considère différents niveaux de granularité ontologique. Cependant, dans les domaines spécialisés, on a rarement de gros volumes de données.

## 4 Projets de systèmes d'annotation

Les outils d'annotation de première génération sont assez simples. Ils ne font souvent que lier des références aux entités nommées identifiées dans les textes à des instances existantes ou de nouvelles instances de

## 4. Projets de systèmes d'annotation

concepts dans une ontologie [Magnini et al., 2006, Giuliano and Gliozzo, 2008]. Cependant, le développement d'applications spécialisées de gestion de contenu et de données liées a appelé à redoubler les méthodes d'annotation sémantique : (par exemple l'annotation selon des concepts et des relations et pas seulement des instances). D'où la nécessité de développement de méthodes et d'outils qui fournissent une expressivité plus riche de l'annotation tout en étant robuste, générique et adaptable à différents domaines et cas d'utilisation.

Depuis l'émergence de RDF, un ensemble d'outils ont été proposés pour exploiter le modèle et permettre aux utilisateurs de joindre des annotations sémantiques aux pages Web [Leblay, 2013]. La représentation des annotations sur des documents XML a inspiré des projets axés sur une perspective de modèle de données comme Annotea [Kahan et al., 2002], qui a servi de base pour l'initiative CAO [Haslhofer et al., 2011]. Le dernier modèle, actuellement un projet de la communauté W3C, est uniquement basé sur RDF. Du point de vue de l'utilisateur final, des outils ont été proposés pour annoter des pages Web manuellement [Yee, 2002, Handschuh et al., 2003] ou dans un mode semi-automatique [Dill et al., 2003, Vargas-Vera et al., 2002]. Une vue d'ensemble des systèmes d'annotation peut être trouvée dans [Reeve and Han, 2005] ou encore dans [Uren et al., 2006]

[Uren et al., 2006] à formuler sept exigences pour les systèmes d'annotation sémantique.

- Exigence 1 : Les formats standard utilisés ;
- Exigence 2 : Conception centrée utilisateur / collaborative ;
- Exigence 3 : Le support de l'ontologie (plusieurs ontologies et évolution) ;
- Exigence 4 : Support des formats de documents hétérogènes ;
- Exigence 5 : L'évolution des documents (documents et persistance

*Chapitre 2. Annotation des données*

des annotations) ;
- Exigence 6 : Stockage des annotations ;
- Exigence 7 : Processus de l'annotation.

Nous pouvons trouver dans la littérature plusieurs projets de système d'annotations qui peuvent être classifiés comme suit [Uren et al., 2006] : Frameworks d'annotation et outils d'annotation.

## 4.1 Frameworks d'annotation

Les framwarks (cadres généraux) pour l'annotation, pourrait être mise en œuvre différemment par différents outils. Nous pouvons citer à titre d'exemple deux framwarks pour l'annotation dans le Web sémantique, le projet d'annotation du W3C Annotea [Kahan et al., 2002], et CREAM [Handschuh et al., 2003], le framwark d'annotation en cours d'élaboration à l'Université de Karlsruhe.

## 4.2 Outils d'annotation

Autre que les frameworks d'annotation, qui pourrait être mis en œuvre de différentes façons, ils y a des outils spécifiques qui peuvent produire des annotations sémantiques qui référencent une ontologie. Il s'agit d'outils qui répondent à certaines exigences décrites ci-dessus, mais qu'ils nécessitent plus de développement pour faire un environnement d'annotation entièrement intégré. [Uren et al., 2006] a classifié ces outils dans en quatre catégories comme suit :

- Annotation manuelle : Les outils les plus élémentaires d'annotation permettent aux utilisateurs de créer manuellement des annotations. Ils ont beaucoup en commun avec des outils d'annotation purement

## 4. Projets de systèmes d'annotation

textuelles mais fournissent un certain support pour des ontologies. Exemple : CritLink [Yee, 2002], Amaya [13], Mangrove system [Mcdowell et al., 2003], Vannotea [Schroeter et al., 2003], Open Ontology Forge [COLLIER et al., 2004] et COHSE [Bechhofer and Goble, 2001].

- Annotation automatique : Deux outils d'annotation sont inclues dans cette catégorie : Les composants d'automatisation qui fournissent des suggestions pour les annotations, mais nécessitant une intervention humaine et les outils qui acquièrent automatiquement des annotations à grande échelle. Exemple : Lixto [Baumgartner et al., 2001], MnM [Vargas-Vera et al., 2002], SemTag [Dill et al., 2003], Melita [Ciravegna et al., 2002], Armadillo [Ciravegna et al., 2004], KnowItAll [Etzioni et al., 2005], SmartWeb [Buitelaar and Ramaka, 2005] et KIM [Popov et al., 2004].
- Environnement d'annotation intégrée : Cette catégorie englobe les systèmes qui visent à intégrer les annotations dans des outils standards et de faire l'annotation simultanément avec l'écriture. Exemple : WiCKOffice [Carr et al., 2004], AktiveDoc [Lanfranchi et al., 2005], SemanticWord [Tallis, 2003] et OntoOffice [14].
- Annotation à la demande : Les systèmes de cette catégorie ne sont pas strictement des outils d'annotation. Au lieu de cela, ils produisent des services d'annotation à la demande pour les utilisateurs parcourant les ressources non annotés. De cette façon, ils occupent un créneau pour les ressources dont il est soit impossible d'annoter, telles que les pages Web externes, les documents qui se changent rapidement, ou ceux qui pourraient être annotés mais avec une ontologie inadapté. Exemple : Magpie [Dzbor et al., 2004] et Thresher system [Hogue and Karger, 2005].

---

[13] http://www.w3.org/Amaya/
[14] http://www.semafora-systems.com/documents/tutorial_ontooffice.pdf

*Chapitre 2. Annotation des données*

## 5 Annotation des bases de données

Le problème crucial pour la percée de l'approche du Web sémantique est la facilité avec laquelle les métadonnées nécessaires peuvent être créées à partir des bases de données. Annoter les données manuellement est laborieux, consommateur de ressources, et souvent économiquement impossible pour des grands ensembles de données. L'automatisation du processus d'annotation est donc nécessaire. Le plus les données sont hétérogènes le plus cette tâche est difficile.

Hyvönen et al. [Hyvönen et al., 2004] ont proposé un procédé semi-automatique qui permet l'annotation du contenus d'une base de données avec des ontologies partagées avec peu d'adaptation et une intervention humaine. Une solution technique au problème basé sur les technologies du web sémantique est proposée et mise en œuvre. Le procédé a été appliqué dans la création du contenu du portail sémantique MUSEUMFINLAND, une application du Web sémantique déployé.

Stojanovic et al. [Stojanovic et al., 2002] présentent une approche qui qui essaye de créer une correspondance entre une base de données et une ontologie, mais ils n'ont pas abordé les problèmes de l'intégration de plusieurs bases de données ou en de l'utilisation de la terminologie globale et local pour faire la correspondance à l'intérieur d'un domaine. Ils ont présenté une approche intégrée et automatisée de migration des applications Web données intensives dans le Web sémantique. Cette approche mappe les schémas des bases de données relationnelles dans les ontologies qui peuvent former la base conceptuelle des annotations des métadonnées qui sont créés automatiquement à partir des instances de base de données.

Aussi Handschuh et al. [Handschuh et al., 2003] abordent les problèmes de correspondance entre bases de données à et ontologies. Ils ont défini l'annotation profonde comme un processus d'annotation qui utilise les informations appropriées, les structures d'information et le contexte de l'information afin d'en tirer les correspondances entre les structures d'information. Les mappages peuvent ensuite être exploitées par le même ou un autre utilisateur pour interroger la base de données sous-jacente d'un site Web afin de récupérer des données sémantique - combinant les capacités de l'annotation et les bases de données classiques.

Dans [Soergel et al., 2004], le modèle des concepts-termes-données a été utilisé pour définir les différents éléments utilisés pour la création d'une ontologie d'un thésaurus. La structure proposée est conforme aussi avec d'autres approches comme l'interopérabilité RDFS et XML dans l'environnement Web.

L'idée d'annoter les contenus culturels en termes de multiples ontologies a été explorée aussi, par exemple, dans [Hollink et al., 2003]. D'autres approches liées à l'ontologie utilisée pour l'indexation de contenus culturels comprennent Iconclass [Quintana, 1997] et le thesaurus d'art et d'architecture [Petersen, 1994].

# 6 Conclusion

Explorer et maintenir une documentation technique est une tâche difficile pour laquelle on pourrait bénéficier d'un outillage efficace, à condition que les documents soient annotés sémantiquement. Les annotations doivent être riches, cohérentes, suffisamment spécialisées et s'appuyer sur un modèle sémantique explicite - habituellement une ontologie - qui modélise la sémantique du domaine cible. Ils existent plusieurs méthodes et système d'annotation disponibles sous forme d'outils logiciels ou de ser-

*Chapitre 2. Annotation des données*

vices web.

Nous avons présenté dans ce chapitre une vue d'ensemble l'annotation des données. Commençant par la présentation des définitions de l'annotation sémantique des données. Ensuite nous avons présenté les deux types du processus de l'annotation à savoir manuel et automatique. Nous exposons après dans chapitre, une classification des projets de systèmes d'annotation, nous donnons des exemples pour chaque catégorie. Enfin de ce chapitre, nous avons mis un accent particulier sur l'annotation dans le domaine des bases de données.

# Deuxième partie

# Nos propositions

# Chapitre 3

# Notre système d'intégration

## Sommaire

| | | |
|---|---|---|
| **3.1** | **Introduction** ............................ | **65** |
| **3.2** | **Ajout des dépendances aux ontologies** ........... | **67** |
| | 3.2.1 Dépendances fonctionnelles (DF) .......... | 67 |
| |     3.2.1.1 DF Classique .............. | 69 |
| |     3.2.1.2 DF de clé ................ | 69 |
| |     3.2.1.3 DF basique ............... | 70 |
| | 3.2.2 Représentation des DNC dans l'ontologie ...... | 71 |
| | 3.2.3 Persistance des DFs et des DNC .......... | 73 |
| **3.3** | **Intégration des BDBOs** .................... | **75** |
| | 3.3.1 Présentation de l'architecture implémentée ..... | 76 |
| | 3.3.2 Persistance des composantes du système d'intégration | 79 |
| **3.4** | **Réconciliation et fusion des données** ............ | **80** |
| | 3.4.1 Traitement des requêtes .............. | 81 |
| |     3.4.1.1 Découverte des DFs d'une requête .... | 82 |
| |     3.4.1.2 Détermination des sources concernées par une requête ................ | 83 |
| |     3.4.1.3 Dérivation de la clé de réconciliation ... | 83 |
| |     3.4.1.4 Réécriture des requêtes .......... | 84 |
| |     3.4.1.5 Réconciliation et fusion des résultats ... | 85 |

*Chapitre 3. Notre système d'intégration*

| | | |
|---|---|---|
| | 3.4.2 Persistance des confiances des propriétés et des sources crédibles . . . . . . . . . . . . . . . . . . . . | 90 |
| **3.5** | **Conclusion** . . . . . . . . . . . . . . . . . . . . . . . . . . | **90** |

**Résumé.** Le chapitre 3 présente notre système d'intégration qui comporte trois contributions : (1) l'enrichissement du formalisme d'ontologies par les dépendances fonctionnelles (DF) et les dépendances de détermination des classes non canoniques. Les DF seront utilisées pour la réconciliation des données alors que les dépendances de détermination des classes non canoniques seront utilisées pour permettre la représentation des classes non canoniques dans les modèles qui ne le permettent pas. Nous commençons par la proposition de notre propre représentation qui étend la représentation formelle d'une ontologie pour supporter les DFs et les dépendances de détermination des classes non canoniques. Nous présentons ensuite la persistance des DFs et des DNC dans le méta-modèle. (2) la méthode d'intégrations en commençant également par sa formalisation avant de passer à la persistance des composantes du système d'intégration. (3) la dernière contribution est la méthode de réconciliation et de fusion de données proposées, avec les étapes suivantes: (1) découverte des DFs de la requête, (2) détermination des sources concernées, (3) dérivation de la clé de réconciliation, (4) évaluation des requêtes et enfin la (5) la réconciliation et fusion des résultats.

## 3.1 Introduction

Dans ce chapitre nous détaillons notre système d'intégration développé et publié en 2012 [Bakhtouchi et al., 2012a, Bakhtouchi et al., 2012b] sur lequel s'implémente les propositions du chapitre 4 et 5.

La principale difficulté des systèmes d'intégration proposés dans différents domaines est la résolution, de manière automatique, des conflits schématiques des données hétérogènes et autonomes. L'apparition des ontologies a fait un progrès important dans l'automatisation du processus d'intégration des sources hétérogènes grâce à la représentation explicite de la sémantique des données au niveau des sources. L'utilisation des ontologies conceptuelles permet une automatisation effective à condition que chaque source référence exactement la même ontologie, sans possibilité d'extension ou d'adaptation. Ces systèmes limitent l'autonomie des sources à l'utilisation de vocabulaire commun d'une ontologie partagée.

Le nouveau défi est donc, de savoir comment permettre une intégration automatique des sources de données tout en gardant une autonomie significative. Nous proposons un système d'intégration automatique qui n'élimine pas la nécessité d'une réflexion humaine pour identifier deux conceptualisations différentes d'une même réalité. Mais il demande que cette réflexion soit faite a priori, lors de la mise à disposition de la source de données, et non a posteriori, pendant la phase d'intégration. Notre système d'intégration intègre les BDBOs de façon incrémentale. Il est initialement vide, il permet d'intégrer les sources à leurs arrivées et de les éliminer à leurs disparitions. C'est ce qui permettra à notre système d'intégration d'assurer une flexibilité de l'ajout d'une nouvelle source et de pouvoir être utilisée à très grande échelle.

Une fois l'hétérogénéité des sources résolue par l'utilisation des onto-

*Chapitre 3. Notre système d'intégration*

logies, les concepteurs d'intégration de données doivent proposer des solutions pour la réconciliation des données lorsque les requêtes sont traitées sur le système d'intégration.

La réconciliation de données consiste à corriger les résultats retournés par un système d'intégration. En effet, quand une requête est exécutée sur un système d'intégration, les résultats peuvent contenir des duplications puisque plusieurs sources peuvent avoir des réponses communes. Nous proposons une méthode de réconciliation des données basée sur l'utilisation des DFs motivée principalement par une conjonction de trois facteurs principaux:

- La continuité conceptuelle offerte par les ontologies pour générer des modèles conceptuels ([Bellatreche et al., 2011]) et faciliter la résolution de l'hétérogénéité des données.
- Les efforts de recherche récents qui définissent les dépendances fonctionnelles sur les concepts ontologiques ([Romero et al., 2009]). La présence des DFs permet aux concepteurs de générer toutes les clés candidates pour chaque classe d'une ontologie. En conséquence, un concepteur de source peut choisir son ou ses clés primaires à partir des clés candidates. Les DFs permettent donc, de donner plus d'autonomie aux sources et peuvent contribuer à réconcilier les résultats des requêtes.
- Le développement spectaculaire des sources BDBOs qui peuvent avoir besoin d'être intégrées. Il est à noter que les BDBOs sont intégrées en relâchant la contrainte d'existence d'un identifiant commun.

La réconciliation des instances en utilisant les DFs permet de détecter les instances se référant à la même entité du monde réel. Pour ces instances (doublons), des variations entre leurs descriptions elles-mêmes peuvent surgir. Ces variations peuvent avoir différentes raisons, notamment l'utilisation de différentes conventions, l'incomplétude de l'information, la présence des erreurs ou la fraîcheur des données. Nous proposons une fusion des doublons dans une même représentation par l'implémentation de différentes techniques de résolution des conflits. Contrairement aux méthodes conçues pour des agrégations en offline, nous proposons une méthode de réconciliation et de fusion incrémentale et online qui permet de retourner une réponse primaire le plutôt possible.

Dans la section suivante, nous présentons l'enrichissement du formalisme d'ontologies par les dépendances fonctionnelles (DF) et les dépendances de détermination des classes non canoniques. Nous détaillons ensuite, la phase d'intégration proprement dite de notre système d'intégration. Enfin, nous présentons, les étapes de notre méthode de réconciliation et de fusion de données.

## 3.2 Ajout des dépendances aux ontologies

Nous présentons dans cette section, l'enrichissement du formalisme d'ontologies par les dépendances fonctionnelles (DF) et les dépendances de détermination des classes non canoniques. Les DF seront utilisées pour la réconciliation des données alors que les dépendances de détermination des classes non canoniques seront utilisées pour permettre la représentation des classes non canoniques dans les modèles qui ne le permettent pas.

### 3.2.1 Dépendances fonctionnelles (DF)

Les modèles traditionnels d'ontologies ne supportent pas les dépendances fonctionnelles dans leur définition. Dans le monde des bases de

*Chapitre 3. Notre système d'intégration*

données, une dépendance fonctionnelle est notée: $R : X \rightarrow Y$, avec $X$ et $Y$ étant des ensembles d'attributs de la relation $R$, cela signifie que pour chaque valeur de tuple des attributs de $X$ correspond un et un seul tuple des attributs de $Y$. Si nous transposons des règles analogues au monde des ontologies, nous découvrons que les DFs pourraient être très utiles pour enrichir l'expressivité de la représentation de connaissance et le nettoyage des données [Fan, 2008].

Formellement, une ontologie peut être représentée comme un quadruplet $O :< C, P, Sub, Applic >$ [Pierra, 2003] (voir section 1.3.2)

Puisque, les DFs sont une partie de l'ontologie (concept ontologique), nous proposons d'enrichir la formalisation traditionnelle des ontologies en prenant en considération des DFs. Tout d'abord, nous formalisons les DFs.

Une DF $df = (R, LP, RP)$ se compose d'éléments suivants :
- Une partie gauche $LP$ (*Left Part*) représentant un ensemble de propriétés;
- La partie droite $RP$ (*Right Part*) représentant une seule propriété;
- Une classe racine $R$ (*Root*). Cette classe est la classe domaine des propriétés de la partie gauche $LP$ et de la propriété de la partie droite $LP$.

Tout comme dans les DFs traditionnelles, cette définition peut être également exprimée comme une implication:

$$df\ R : LP \rightarrow RP$$

Maintenant, nous avons tous les ingrédients pour étendre le modèle d'ontologie initial précédemment présenté tout en ajoutant les DFs. Cette extension est faite comme suit: $O :< C, \mathcal{P}, Sub, \mathcal{A}pplic, \mathcal{FD} >$, où $\mathcal{FD}$ est une relation binaire $\mathcal{FD} : C \rightarrow (2^P, P)$ qui associe à chaque classe $c$ de

## 3.2. Ajout des dépendances aux ontologies

$C$, l'ensemble des dépendances fonctionnelles ($LP$, $RP$), dont la class $c$ est la racine ($dfc : LP \rightarrow RP$).

Notre représentation comporte trois types de DFs: DF *Classique*, DF *de clé* et DF *basique*.

#### 3.2.1.1 DF Classique

Une DF classique ($df\ R : LP \rightarrow RP$) indique que les valeurs des propriétés de la partie gauche ($LP$) déterminent une valeur unique de la propriété de la partie droite ($RP$).

$$\forall\ i_1, i_2 \in R\ p_1(i_1, x_1), p_1(i_2, x_1), ..., p_n(i_1, x_n), p_n(i_2, x_n) \Rightarrow$$
$$RP(i_1, y), RP(i_2, y)$$
$$\text{avec } LP = \{p_1, ..., p_n\}$$

#### 3.2.1.2 DF de clé

Une DF de clé ($df\ R : LP \rightarrow$) indique que les valeurs des propriétés de la partie gauche déterminent une instance unique de la classe racine $R$. Explicitement, une DF de clé ne contient pas de partie droite, mais implicitement sa partie droite est l'une des propriétés fonctionnelle, notées $FP(R)$, de la classe racine $R$.

$$\forall\ i_1, i_2 \in R\ p_1(i_1, x_1), p_1(i_2, x_1), ..., p_n(i_1, x_n), p_n(i_2, x_n) \Rightarrow i_1 = i_2 \text{ avec}$$
$$LP = \{p_1, ..., p_n\}$$

**Définition 1**

($df\ R : LP \rightarrow$) *est une DF de clé si et seulement si la partie gauche $LP$ détermine toutes les propriétés fonctionnelles $FP(R)$ de la classe $R$.*

*Chapitre 3. Notre système d'intégration*

> Les parties gauches des DF de clé d'une classe R, notées $CK(R)$, sont appelées clés candidates de la classe R.

**Dérivation des DFs classiques à partir d'une DFs de clé**

A partir d'une DF de clé ($df\ R\ :\ LP\ \rightarrow$) nous pouvons dériver un ensemble de DFs classiques ayant $LP$ dans la partie gauche et une propriété fonctionnelle de R dans la partie droite.

$$(R:LP \rightarrow) \Rightarrow R:LP \rightarrow p\ \forall p \in FP(R)$$

### 3.2.1.3 DF basique

Une DF basique ($df\ R\ :\ \rightarrow\ RP$) indique que chaque instance de la classe $R$ détermine une instance unique de la classe co-domaine de la propriété $RP$. Une DF basique ne contient pas de partie gauche, implicitement sa partie gauche est l'une de clés candidates $CK(R)$ de la classe $R$.

$$\forall i \in R\ RP(i, x_1), RP(i, x_2) \Rightarrow x_1 = x_2$$

**Définition 2**

> $df\ R\ :\ \rightarrow\ RP$ est une DF basique si et seulement si $RP$ est une propriété complexe *fonctionnelle* ou bien $RP^{-1}$ est une propriété complexe *inverse-fonctionnelle*. Cela veut dire que $RP$ détermine toutes les clés candidates de sa classe co-domaine $CK(\rho(RP))$, où $\rho(p)$ est la classe co-domaine de la classe $p$.

## 3.2. Ajout des dépendances aux ontologies

**Dérivation des DFs classique à partir d'une DFs de base**

A partir d'une DF basique ($df\ R\ :\ \to\ RP$) nous pouvons dériver un ensemble de DFs classiques ayant une clé candidate de $R$ dans la partie gauche et une clé candidate du co-domaine de $RP$ dans la partie droite.

$$(R :\to RP) \Rightarrow R : CK_1 \to CK_2 \forall\ CK_1 \in CK(R) \forall\ CK_2 \in CK(\rho(RP))$$

Une classe non canonique est une classe définie en appliquant aux classes canoniques, les constructeurs d'intersection, d'union, de complément, d'énumération d'instances et de restriction (co-domaine, cardinalité, égalité/inégalité de valeur).

L'objectif de l'introduction des Dépendances de détermination des classes Non Canoniques (DNC) est de permettre la représentation des classes non canoniques en fonction des classes canoniques. Le tableau 3.1 montre la dépendance permettant de déterminer la classe pour les différents constructeurs cités dans la section précédente.

*Exemple.* Si nous admettons que la classe $C_3$ est définie comme étant l'union de deux classes $C_1$ et $C_2$ ($C3 \equiv C_1 \cup C_2$), alors nous dirons que $\{C_1, C_2\}$ détermine la classe $C_3$ par la fonction d'*union*.

### 3.2.2  Représentation des DNC dans l'ontologie

Formellement, une dépendance de détermination des classes non canoniques est définie comme un quadruplet $dNC = (LPC, LPP, RPC, f)$ où:

- *LPC* (*Left Part Classes*) est un ensemble de classes canoniques et non canoniques,

*Chapitre 3. Notre système d'intégration*

| Constructeurs | Logique de description (DL) | Dépendance |
|---|---|---|
| Intersection | $C_1 \cap ... \cap C_n$ | $\{C_1, ..., C_n\} \rightarrow C$ |
| Union | $C_1 \cup ... \cup C_n$ | $\{C_1, ..., C_n\} \rightarrow C$ |
| Complément | $\neg C_1$ | $C_1 \rightarrow C$ |
| Énumération | $\{o_1, ..., o_n\}$ | / |
| Quantification Universelle | $\forall P.C_1$ | $\{\delta(P), C_1\} \rightarrow C$ |
| Quantification existentielle | $\exists P.C_1$ | $\{\delta(P), C_1\} \rightarrow C$ |
| Egalité de valeur | $\exists P.\{o_1\}$ | $\delta(P) \rightarrow C$ |
| Cardinalité minimale | $\leq nP.C_1$ | $\{\delta(P), C_1\} \rightarrow C$ |
| Cardinalité maximale | $\geq nP.C_1$ | $\{\delta(P), C_1\} \rightarrow C$ |
| Cardinalité exacte | $= nP.C_1$ | $\{\delta(P), C_1\} \rightarrow C$ |

Tab. 3.1 – DNC générée à partir de chaque constructeur

- *LPP* (*Left Part Properties*) est l'ensemble des propriétés sur lesquelles s'appliquent les restrictions,
- *RPC* (*Right Part Classe*) est une classe non canonique à déterminer,
- *f* est la fonction de détermination de *RPC* en fonction des classes de *LPC* et des propriétés de *RPP*.

Tout comme dans les DFs traditionnelles, cette définition peut être également exprimée comme une implication:

$$dNC : (LPC, LPP) \xrightarrow{f} RPC$$

Nous proposons d'enrichir la formalisation des ontologies par les dépendances de détermination des classes non canoniques. La représentation d'une ontologie devient alors un 6-uplet $O :< C, \mathcal{P}, Sub, \mathcal{A}pplic, \mathcal{FD}, \mathcal{NCD}>$ avec

$\mathcal{NCD} : C \rightarrow (2^C, 2^P, F)$ est une relation qui associe à chaque classe non canonique *nc* de l'ensemble *C*, l'ensemble des classes, éventuellement un ensemble de propriétés et la fonction qui déterminent *nc*.

## 3.2. Ajout des dépendances aux ontologies

### 3.2.3 Persistance des DFs et des DNC

Dans notre validation nous avons choisi le modèle OntoDB [Pierra et al., 2004, Dehainsala et al., 2007] pour trois raisons principales :

- La première raison est que nous avions un accès total au code et à la documentation de cette BDBO, celle-ci ayant été développée au sein du laboratoire de mon directeur de thèse de doctorat LIAS (ex. LISI) là où j'ai effectué trois séjours durant cette thèse.
- La seconde raison est le besoin d'offrir un système permettant d'intégrer des BDBOs implémenté sur le modèle OntoDB. En effet, autour de ce modèle, une suite logicielle qui permet de visualiser, éditer, importer/exporter et intégrer les ontologies et les données qu'elle contient a été définie et utilisée dans différents projets.
- La troisième raison ce sont les performances en termes du temps d'exécution de requêtes qu'offre le modèle OntoDB. Une étude comparative des performances d'une BDBO basée sur le modèle OntoDB et deux BDBOs issues du monde industriel (Oracle et IBM SOR) en se basant sur deux critères : le temps de chargement des instances ontologiques et le temps d'exécution des requêtes [Mbaiossoum et al., 2012]. Les résultats obtenus ont montré l'efficacité des BDBOs commerciaux en termes de temps de chargement des données ontologiques tandis qu'OntoDB a permis de mettre en avant ses capacités pour le critère de traitement de requêtes. Dans notre cas, pour un système d'intégration de données, le chargement n'est pas un traitement fréquent relativement à la fréquence des requêtes posées au système. D'ailleurs, un système d'intégration n'est conçu principalement que pour être interrogé. De ce fait, le modèle OntoDB constitue un bon choix pour notre système d'intégration.

*Chapitre 3. Notre système d'intégration*

Le méta-schéma du modèle OntoDB contient deux principales tables *Entity* et *Attribute* qui sauvegardent le niveau méta-modèle. La table *Entity* décrit les concepts ontologiques tels que *class*, *property* or *data type*. La table *Attribute* décrit les attributs relatifs à chaque concept ontologique (*name*, *description*, *comment*, etc.). Nous proposons d'étendre le méta-schéma du modèle OntoDB pour supporter le schéma des dépendances fonctionnelles et celui des dépendances de détermination des classes non canoniques. Précisément, Deux méta-modèles décrivant les concepts des dépendances fonctionnelles (Figure 3.1-(a)) et les concepts des dépendances de détermination des classes non canoniques (Figure 3.1-(b)) sont proposés en premier lieu. En second lieu, les deux méta-modèles sont instanciés dans le méta-schéma du modèle OntoDB en utilisant le langage OntoQL [Jean et al., 2006a]. La séquence de requêtes suivante permet de faire cette instanciation.

Pour les dépendances fonctionnelles, nous persistons la partie gauche, la partie droite et la classe racine.

```
CREATE ENTITY #FDLeftPart(#itsProperties REF(#Property)ARRAY);

CREATE ENTITY #FDRightPart(#itsProperty REF(#Property));

CREATE ENTITY #FD(#itsRootClass REF (#Class),
                 #itsFDLeftPart REF(#FDLeftPart),
                 #itsFDRightPart REF(#FDRightPart));
```

Pour les dépendances de détermination des classes non canoniques, nous persistons les classes de la partie gauche, les propriétés de la partie gauche et la classe de la partie droite.

```
CREATE ENTITY #NCDLeftPartC(#itsClasses REF(#Class)ARRAY);

CREATE ENTITY #NCDLeftPartP(#itsProperties REF(#Property)ARRAY);

CREATE ENTITY #NCDRightPart(#itsClass REF(#Class));

CREATE ENTITY #NCD(#itsNCDLeftPartC REF(#NCDLeftPartC),
                   #itsNCDLeftPartP REF(#NCDLeftPartP),
                   #itsNCDRightPart REF(#NCDRightPart));
```

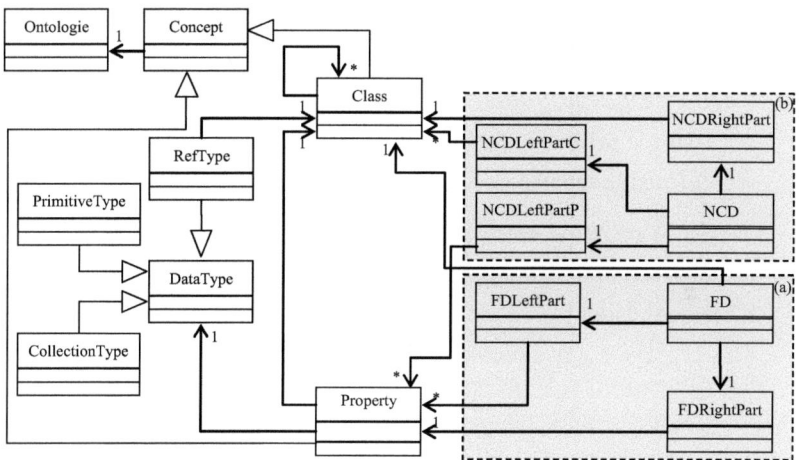

FIG. 3.1 – Extension du méta-schéma du modèle OntoDB par les modèles des dépendances

## 3.3 Intégration des BDBOs

Notre système d'intégration est défini formellement comme un triplet $\mathcal{M}ed :< \mathcal{G}, \mathcal{S}, \mathcal{M} >$ [Bakhtouchi et al., 2012a, Bakhtouchi et al., 2012b] avec :

Chapitre 3. Notre système d'intégration

1. $\mathcal{G}$ :< $O, Sch$ > est le schéma global du médiateur composé de :
   - $O$ :< $C, \mathcal{P}, Sub, \mathcal{A}pplic$ > est l'ontologie du médiateur
   - $Sch$ est le schéma du médiateur $Sch$ : $C \rightarrow 2^{\mathcal{P}}$ associe à chaque classe $c \in C$ de l'ontologie du médiateur les propriétés applicables pour cette classe qui sont effectivement utilisées pour décrire des instances de $c$ dans les sources accessibles par le médiateur.

2. $S$ est l'ensemble des schémas des $ns$ sources intégrées dans le médiateur, où chaque source $S_i$ est définie à partir du schéma de la source < $O_i, I_i, Sch_i, \mathcal{P}op_i$ > comme un couple $S_i$ :< $OL_i, SchL_i$ > avec :
   - $OL_i$ :< $CL_i, PL_i, SubL_i, ApplicL_i$ > est l'ontologie locale de la source $S_i$ dans le médiateur ($OL_i \subseteq O_i$).
   - $SchL_i$ est le schéma de la source $S_i$ ($SchL_i(c) \subseteq Sch_i(c)$ $\forall c \in CL_i$)

3. $\mathcal{M}$ est le mapping entre les classes de l'ontologie du médiateur $C$ et ceux des ontologies des sources. $\mathcal{M}$ : $C \rightarrow 2^{CL_1 \cup ... \cup CL_{ns}}$ associe à chaque classe $c \in C$ de l'ontologie du médiateur, les classes $c \in CL_1 \cup ... \cup CL_{ns}$ des ontologies des sources, en correspondance avec $c$.

### 3.3.1 Présentation de l'architecture implémentée

Comme le montre la figure 3.2, notre système d'intégration se compose de cinq modules [Bakhtouchi et al., 2011b]: (1) une *BDBO*, (2) une *interface utilisateur*, (3) un *moteur de requêtes*, (4) un *gestionnaire du cache* et (5) un *réconciliateur de résultats*.

1. La **BDBO** : notre système d'intégration utilise la même structure de BDBOs que celle utilisée dans les sources à intégrer. Elle adopte le modèle OntoDB [Pierra et al., 2004, Dehainsala et al., 2007] où la

## 3.3. Intégration des BDBOs

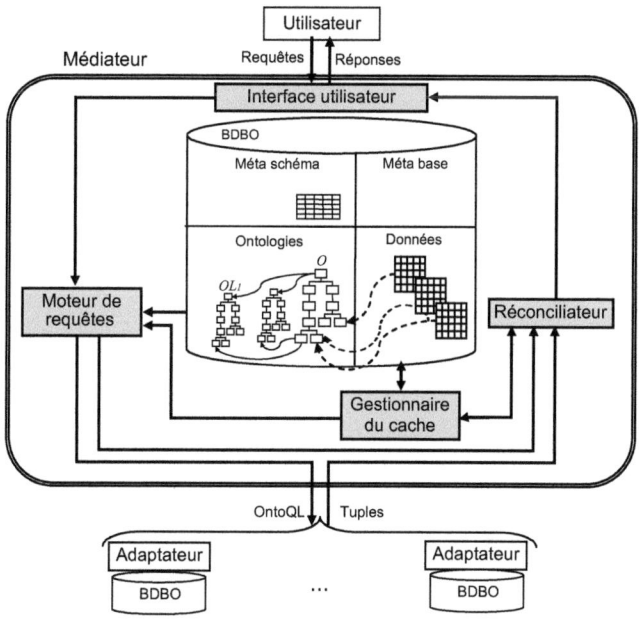

Fig. 3.2 – Composants de notre système d'intégration

partie "*méta-schéma*" est étendue par (i) un modèle des dépendances fonctionnelles et des dépendances de détermination des classes non canoniques, (ii) un modèle des composants du médiateur (schémas du médiateur et des sources et mapping entre l'ontologie du médiateur et les ontologies des sources), et (iii) un modèle des confidences des propriétés et des sources crédibles. Dans la partie ontologie nous stockons l'ontologie du médiateur, les ontologies des sources, les mapping entre l'ontologie du médiateur et les ontologies des sources, les schémas du médiateur et des sources, les dépendances fonctionnelles entre les propriétés de l'ontologie du médiateur, les dépendances de détermination des classes non canoniques, les confidences des propriétés et

*Chapitre 3. Notre système d'intégration*

---

les sources crédibles et l'annotation des propriétés. Nous utilisons la partie "*données*" comme cache, dans laquelle nous sauvegardons les résultats des requêtes récemment exécutées au besoin d'une réutilisation future.

2. L'*interface utilisateur* : elle permet à l'utilisateur d'exprimer ses requêtes et se charge de l'affichage des résultats. Après avoir analysé la requête d'entrée, l'interface utilisateur envoie, au moteur de requêtes, une requête conjonctive en termes de classes et propriétés de l'ontologie du médiateur. L'interface utilisateur est aussi responsable de l'affichage de la réponse de la première source interrogée et rafraîchit cette réponse lorsque les réponses d'autres sources venant du réconciliateur sont disponibles.

3. Le *gestionnaire du cache* : il permet (i) d'identifier les instances d'une classe présentes dans le cache suite à une demande du moteur de requêtes, (ii) de consulter le cache pour former la réponse à une requête suite à une demande du réconciliateur et (iii) de mettre à jour le cache après l'exécution d'une requête.

4. Le *moteur de requêtes* : pour une requête donnée $Q$, le moteur de requêtes (i) identifie les instances présentes dans le cache afin de diviser la requête de l'utilisateur en deux requêtes, une première requête $Q^C$ exécutable sur le cache et une deuxième requête $Q^S$ à exécuter sur les sources; (ii) Il découvre les dépendances fonctionnelles de la requête $Q^S$; (iii) Il identifie les sources concernées par cette requête; (iv) Il génère la clé de réconciliation; (v) Il réécrit la requête $Q^S$, écrite en termes de l'ontologie du médiateur, en sous requêtes écrites en termes des ontologies des sources en se servant du mapping; (vi) Enfin, il envoie chaque sous requête à la source concernée et envoie la clé de réconciliation au réconciliateur.

5. le *réconciliateur* : le rôle de ce module est la recomposition des résultats par la détection des instances se référant à la même entité du monde réel en utilisant la clé de réconciliation et la fusion des valeurs des propriétés de ces instances suivant la technique choisie. Le réconciliateur envoie progressivement les résultats obtenus à l'interface utilisateur.

## 3.3.2 Persistance des composantes du système d'intégration

Pour persister les composants de notre système d'intégration nous étendons le méta-schéma du modèle OntoDB de la même manière que nous avons fait pour persister les DFs et les DNC (voir section 3.2.3). Deux méta-modèles décrivant les concepts des schémas du médiateur et des sources (Figure 3.3-(a)) et les concepts du mapping (Figure 3.3-(b)) sont proposés dans un premier temps. En second temps, les deux méta-modèles sont instanciés dans le méta-schéma du modèle OntoDB en utilisant le langage OntoQL [Jean et al., 2006a]. La séquence de requêtes suivante permet de faire cette instanciation.

```
CREATE ENTITY #Source(
    #URL STRING,
    #UserName STRING,
    #Password STRING);

ALTER ENTITY #Ontology
ADD ATTRIBUTE #ItsSource REF (#Source);

CREATE ENTITY #Mapping(
    #MediatorClass REF (#Class),
    #SourceClass REF (#Class),
```

## Chapitre 3. Notre système d'intégration

```
    #ItsSource REF (#Source));

CREATE ENTITY #Schema(
    #ItsClass REF (#Class),
    #SchemaProperty REF(#Property));
```

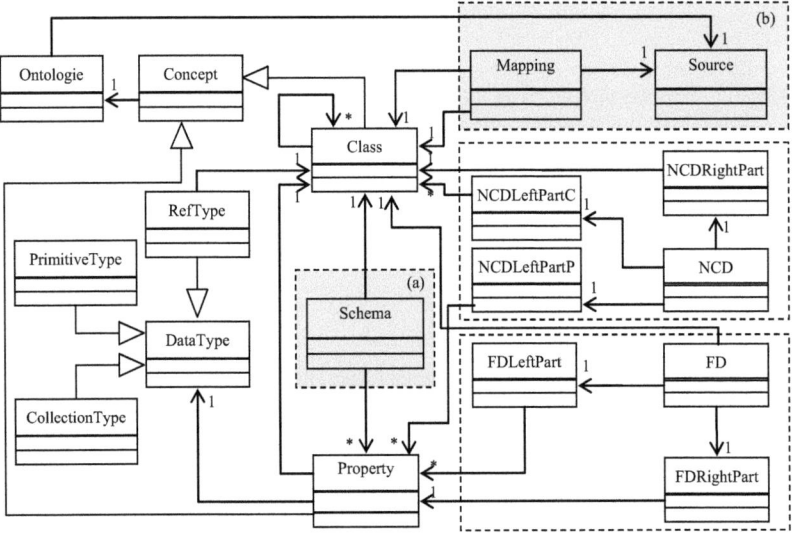

FIG. 3.3 – Extension du méta-schéma du modèle OntoDB par le modèle des composants du médiateur

## 3.4 Réconciliation et fusion des données

Nous présentons dans cette section, la méthode de réconciliation et de fusion de données proposées, nous détaillons ensuite nos propositions pour l'étape de réconciliation et de fusion des instances, enfin, nous proposons d'étendre le modèle OntoDB pour persister les confiances des propriétés et les sources crédibles.

### 3.4.1 Traitement des requêtes

Nous considérons que les requêtes exécutées par le système d'intégration sont l'union des requêtes conjonctives: $Q = Q_1 \cup Q_2 \cup ... \cup Q_n$. Chaque requête $Q_i$ est donnée en notation datalog comme: $Q_i(X)$:- $pr_1(X_1)$, ..., $pr_n(X_n)$, où le prédicat $pr_i$ est défini par l'un des trois concepts ontologique suivants:

1. une classe $c(x)$ où $x$ est une variable et $c \in C$,
2. une propriété $p(x_1, x_2)$ où $x_1$ et $x_2$ sont des variables et $p \in \mathcal{P}$,
3. un atome ordinaire $a(x_1, ..., x_m)$ avec $(x_1, ..., x_m)$ est le vecteur variable et $a$ est un prédicat.

$x \in X = (x_n, ..., x_n)$ sont les variables distinguées alors que $x \notin X$ sont les variables existentielles servant à exprimer des contraintes sur les variables distinguées.

Notons $PP_i = \{p \in \mathcal{P} \mid p(x_1, x_2) \in Q_i \wedge x_2 \in X\}$ les propriétés projetées demandées par la requête $Q_i$,

$Cls_i = \{c \in C \mid c(x) \in Q_i\}$ les classes qui apparaissent dans la requête $Q_i$,

$JCP_i = \{p \in \mathcal{P} \mid p(x_1, x_2) \in Q \wedge p$ est une propriété complexe $\}$ les propriétés de clause de jointure de la requête $Q_i$,

et $CCP_i = \{p \in \mathcal{P} \mid p(x_1, x_2) \in Q \wedge x_2 \notin X\}$ les propriétés de clause de condition de la requête $Q_i$.

*Chapitre 3. Notre système d'intégration*

### 3.4.1.1 Découverte des DFs d'une requête

Les DFs d'une requête $Q_i$ sont les DFs exprimées sur les classes de la requête $Cls_i$. Nous distinguons deux types de DFs:

1. DFs *directes* ($F^d$): qui existent déjà dans l'ontologie du médiateur.
2. DFs *générées*: obtenues à partir des DFs de clés ($F^k$) et des DFs basiques ($F^b$).

L'ensemble des DFs exprimées sur les classes de la requête $Cls_i$ noté $F_{Cls_i}$, est donné par:

$$F_{Cls_i} = F^d \cup F^k \cup F^b$$

- $F^d = fd_1 \cup fd_2 \cup ... \cup fd_n$ est l'ensemble des DFs classiques définies sur les classes de la requêtes $Cls_i$ où la partie droite est une propriété projetée de $PP_i$ ou une propriété de clause de jointure de $JCP_i$.
- $F^k$ est l'ensemble des DFs générées à partir des DFs de clé. $F^k$ indique que les propriétés de la partie gauche d'une DF de clé ($R : LP \rightarrow$) déterminent toutes les propriétés fonctionnelles de sa classe racine $FP(R)$.
$F^k = \{LP \rightarrow p \mid p \in PP_i \cup JCP_i \wedge (\delta(p) : LP \rightarrow) \in \mathcal{FD}(\delta(p)) \wedge p \in FP(\delta(p))\}$ où $\delta(p)$ est la classe domaine de la propriété $p$.
- $F^b$ est l'ensemble des DFs générées à partir des DFs basiques ayant une partie droite appartenant aux propriétés de clause de jointure ($JCP_i$). $F^b$ indique qu'une propriété fonctionnelle détermine toutes les clés candidates de sa classe co-domaine et la propriété inverse d'une propriété inverse fonctionnelle détermine toutes les clés candidates de sa classe domaine.

$$F^b = \{p \rightarrow CK(\rho(p)) \mid p \in JCP_i \wedge (\delta(p) : \rightarrow p) \in \mathcal{FD}(\delta(p))\}$$ où $\rho(p)$ est la classe co-domaine de la propriété $p$.

L'ensemble des DFs de la requête $Q_i$, noté $F_{Q_i}$, est calculé comme suit:

$$F_{Q_i} = \{X \rightarrow Y \mid X \rightarrow Y \in F^+_{Cls_i}\}$$

### 3.4.1.2 Détermination des sources concernées par une requête

Avant de dériver la clé de réconciliation, nous déterminons l'ensemble des sources concernées par la requête ($S_{Q_i}$) parmi les sources de $S$. Une source $S_j$ est concernée par une requête $Q_i$ si:

– au moins une propriété de $PP_i$ est valuée dans $S_j$,
– pour chaque classe $c$ de $Cls_i$, il existe une classe $S_j.c$ dans $CL_i$ qui appartient au mapping de $c$,
– et toutes les propriétés des clauses de jointures et les propriétés des clauses de conditions sont valuées dans la source.

Les sources concernées par une requête sont déterminées par un premier algorithme [Bakhtouchi et al., 2012a] qui prend en entrée la requête $Q_i$ et le schéma global du médiateur $\mathcal{M}ed :< \mathcal{G}, \mathcal{S}, \mathcal{M}$ et fournit en sortie une liste de sources.

### 3.4.1.3 Dérivation de la clé de réconciliation

La clé de réconciliation est un ensemble de propriétés dont les valeurs déterminent les propriétés projetées de la requête. En d'autres termes, les valeurs des propriétés de la clé de réconciliation permettent d'identifier les instances du résultat de la requête d'une manière unique. La clé de réconciliation est dérivée par un deuxième algorithme [Bakhtouchi et al., 2012a]

*Chapitre 3. Notre système d'intégration*

qui a en entrée la requête $Q_i$, l'ensemble des sources concernées $S_{Q_i}$, les composants du médiateur ($\mathcal{M}ed$ :< $\mathcal{G}, \mathcal{S}, \mathcal{M}$ >) et les parties gauches des DFs de la requête $K$. L'algorithme produit en sortie la clé de réconciliation ($K_R$). L'algorithme initialise la clé de réconciliation $K_R$ par l'ensemble des parties gauches $K$. Ensuite, si deux parties gauches dans $K_R$ déterminent les propriétés de $PP_i \cup JCP_i$, l'algorithme garde celle dont les propriétés sont valuées dans toutes les sources concernées. Finalement, l'algorithme retire de $K_R$ toutes les propriétés qui peuvent être déterminées par des parties gauches dans $K_R$.

### 3.4.1.4 Réécriture des requêtes

Chaque requête $Q_i$ sera réécrite en l'union, avec réconciliation et fusion des instances, des sous requêtes sur les sources concernées de $S_{Q_i}$.

$$Q_i = Q_i^{S_1} \cup ... \cup Q_i^{S_r} \text{ avec } S_j \in S_Q$$

$Q_i^{S_j}$ est une requête sur l'ontologie $OL_j$ :< $CL_j, PL_j, ApplicL_j, SubL_j$ > de la source $S_j$ ayant la forme suivante:

$$Q_i^{S_j}(X) \text{:- } pr_1(X_1), ..., pr_n(X_n)$$

où le prédicat $pr_i$ est:

- $S_j.c(x)$ avec $x$ est une variable et $S_j.c(x) \in \mathcal{M}(c)$ avec $c \in Cls_i$,
- $p(x_1, x_2)$ avec $x_1$ et $x_2$ des variables et $p \in (PP_i \cup JCP_i \cup CCP_i) \cap PL_j$
- $a(x_1, ..., x_m)$ avec $\forall\ x_i \in \{x_1, ..., x_m\}\ p(x_j, x_i) \in Q_i^{S_j}$

La réécriture de la requête $Q_i$ sur la source $S_j$ se limite à un dépliement consistant au remplacement des propriétés projetées $PP_i$ par les propriétés

## 3.4. Réconciliation et fusion des données

valuées dans la source $PP_i^{S_j}$, les classes de la requête $Cls_i$ par les classes de l'ontologie de la source mappées $Cls_i^{S_j}$ et les propriétés de clauses de jointures et de conditions $JCP_i$ et $CCP_i$ par les propriétés de l'ontologie de la source $JCP_i^{S_j}$ et $CCP_i^{S_j}$.

Un troisième algorithme [Bakhtouchi et al., 2012a] permet de déterminer les sources pertinentes pour une requête donnée. Dans ces sources, toutes les propriétés de clauses de jointures et de conditions sont valuées. Si nous voulons augmenter le nombre de ces sources qui sous entend l'augmentation du nombre de résultats, nous relâchons cette contrainte. En conséquence, une source peut être concernée par une requête même si elle ne value pas toutes les propriétés de clauses de jointures et de conditions. Dans ce cas, le résultat de la requête est incomplète, de plus chaque source peut posséder sa propre clé de réconciliation.

### 3.4.1.5 Réconciliation et fusion des résultats

Pour éviter la redondance et les conflits d'informations, les systèmes d'intégration implémentent des techniques de réconciliation et de fusion de données pour trouver les valeurs correctes. Mais la plupart de ces méthodes nécessitent d'interroger toutes les sources et sont conçues pour des agrégations en offline, ce qui peut prendre un temps important. Contrairement à ces méthodes, nous proposons une méthode de réconciliation et de fusion incrémentale et online qui permet de retourner une réponse primaire le plutôt possible. Notre système commence par retourner les résultats à partir de la première source interrogée et rafraîchit la réponse au fur et à mesure de l'interrogation des autres sources en appliquant les techniques de réconciliation et de fusion sur les données trouvées. Pour chaque réponse retournée, il affiche les sources déjà interrogées et arrête l'exécution

Chapitre 3. Notre système d'intégration

de la requête à la demande de l'utilisateur satisfait par le résultat trouvé jusqu'à cet instant.

**Réconciliation des instances**

La réponse de la requête initiale $Q$, notée $ans(Q)$, est $ans(Q) = ans(Q_1) \cup \ldots \cup ans(Q_n)$ L'ensemble des instances satisfaisant la requête $Q_i$ à partir des sources concernées $S_{Q_i}$ est $ans(Q_i) = ans(Q_i^{S_1}) \cup_{K_R} \ldots \cup_{K_R} ans(Q_i^{S_r})$, où $\cup_{K_R}$ est l'union avec réconciliation des instances en utilisant la clé de réconciliation $K_R$.

L'ensemble des instances satisfaisant la requête $Q_i$ dans la source $S_j$ est l'ensemble des tuples du produit cartésien des populations des classes de $Cls_i^{S_j}$ qui satisfont les clauses de jointures et les clauses de conditions de la requête $Q_i^{S_j}$.

$$ans(Q_i^{S_j}) = \{t \in Pop_j(c_1) \times \ldots \times Pop_j(c_m) \mid t \models Q_i^{S_j}\} \text{ with}$$
$$c_1, \ldots, c_m \in \{Cls_i^{S_j} \cap CL_i\}$$

$K_R$ est la clé de réconciliation de la requête $Q_i$, cela signifie que $K_R$ détermine toutes les propriétés projetées de la requête ($\forall\ p \in PP_i\ K_R \to p$) dans toutes les sources. En d'autres termes:

$$\forall\ p \in PP_i, \forall\ i_1 \in ans(Q_i^{S_v}), \forall\ i_2 \in ans(Q_i^{S_w})$$
$$i_1[K_R] = i_2[K_R] \Rightarrow i_1[p] = i_2[p]$$

où $i_1[K_R] = i_2[K_R] \Leftrightarrow \forall\ p \in K_R\ i_1[p] = i_2[p]$. $i[K_R]$ est le vecteur de valeurs que prennent les propriétés de $K_R$ dans l'instance $i$.

Soit *Reconcile* un prédicat binaire, $Reconcile(i_1, i_2)$ signifie que les deux instances $i_1$ et $i_2$ réfèrent à la même entité du monde réel. Pour deux instances $i_1$ et $i_2$, une décision de réconciliation est prise ($Reconcile(i_1, i_2)$) si les deux instances ont les même valeurs pour toutes les propriétés de la clé de réconciliation.

$$i_1[K_R] = i_2[K_R] \Rightarrow Reconcile(i_1, i_2)$$

De la même façon, une décision de non réconciliation est prise ($\neg Reconcile(i_1, i_2)$)) s'il y a une propriété de la clé de réconciliation pour laquelle les valeurs des deux instances sont différentes.

$$i_1[K_R] \neq i_2[K_R] \Rightarrow \neg Reconcile(i_1, i_2) \text{ où}$$
$$i_1[K_R] \neq i_2[K_R] \Leftrightarrow \exists\, p \in K_R\ i_1[p] \neq i_2[p]$$

Donc, la réconciliation du résultat venant d'une source et le résultat global peuvent être effectuée par un quatrième algorithme [Bakhtouchi et al., 2012a]. Ce dernier prend chaque instance du résultat de la source et vérifie s'il existe une instance, qui peut être réconciliée avec elle, dans le résultat global. Si une telle instance existe, l'algorithme fusionne les valeurs des propriétés des deux instances dans une seule instance dans le résultat global, autrement l'instance de la source est ajoutée au résultat global comme une nouvelle instance.

**Fusion des instances**

Le but de cette étape consiste à fusionner les valeurs des propriétés de deux instances référant à la même entité du monde réel. Des conflits peuvent exister entre les valeurs provenant de différentes sources et peut-être de la même source. Diverses techniques de résolution des conflits existent, selon le type d'attribut, l'utilisation de la valeur ainsi que de nombreux autres aspects. En plus de cela, notre méthode de fusion prend en

*Chapitre 3. Notre système d'intégration*

compte la confiance et la *fraîcheur* des données afin de résoudre le problème de conflits.

Les différentes sources peuvent différer dans l'exactitude de leurs données et les propriétés de la même source diffèrent aussi dans l'exactitude de leurs valeurs. Nous saisissons cette propriété par des *confidences*.

**Définition 3**

> ***Confiances des propriétés***: la confiance d'une propriété $p$ de l'ontologie de la source $S_i$ (notée $Conf(S_i, p)$) est la probabilité que $p$ étant correcte dans la source $S_i$, telle que définie par la source elle-même ou selon le meilleur de nos connaissances ($Conf : \cup_{i=1..n} PL_i \to [0, 1]$ associe à chaque $p \in \cup_{i=1..n} PL_i$ une valeur de confiance dans l'interval $[0, 1]$).

**Définition 4**

> ***Source crédible***: la source crédible $S_i$ pour une propriété $p$ de l'ontologie du médiateur (notée $Cred(p)$) est la source qui est supposée fournir la valeur la plus correcte de la propriété $p$, calculée à partir des confidences des propriétés ou selon le meilleur de nos connaissances ($Cred : \mathcal{P} \to \mathcal{S}$ associe à chaque propriété $p \in \mathcal{P}$ une source de $\mathcal{S}$).

Nous supposons la connaissance de la confidence de chaque propriété des ontologies des sources et la source crédible de chaque propriété de l'ontologie du médiateur. Soit la source définit la confiance des valeurs de ses propriétés ou l'utilisateur attribue des confiances à ces propriétés. Les sources crédibles des propriétés de l'ontologie du médiateur peuvent être calculées à partir des confidences des propriétés ou attribuées par l'utilisateur.

Pour considérer la fraîcheur des données, nous supposons également la connaissance de la date d'ajout / mise à jour d'une valeur de propriété

## 3.4. Réconciliation et fusion des données

dans une source, obtenue via une fonction Date. ($Date(i_p)$) renvoie la date du dernier ajout / mise à jour de la valeur de $p$ dans l'instance $i$).

La fusion de deux instances est réalisée par un cinquième algorithme [Bakhtouchi et al., 2012a]. L'algorithme prend les valeurs non nulles au lieu des valeurs nulles, si les deux valeurs sont non nulles, nous donnons la décision à l'utilisateur de sélectionner entre les techniques de fusion suivantes:

1. Créer toutes les combinaisons de valeurs possibles.

2. Prendre la valeur de la source crédible de la propriété.

3. Prendre la valeur la plus correcte selon les confiances de la propriété dans les différentes sources.

4. Prendre la valeur qui se répète le plus souvent dans les sources interrogées jusqu'à maintenant. Dans l'algorithme nous utilisons une fonction *compte* ($Count(i[p])$) qui calcule le nombre d'occurrences de la valeur de $i[p]$ dans les sources.

5. Prenez une valeur calculée en utilisant une fonction usuelle (comme maximum, minimum, somme, moyenne, plus longue, plus courte, la concaténation, ...) ou une fonction définie par l'utilisateur $f$ ($f : \rho(p) \times \rho(p) \rightarrow \rho(p)$). Evidemment, certaines fonctions ne sont applicables que sur des valeurs numériques, d'autres uniquement sur les chaînes de caractères.

6. Prendre la valeur la plus récente.

*Chapitre 3. Notre système d'intégration*

### 3.4.2 Persistance des confiances des propriétés et des sources crédibles

Pour persister les confiances des propriétés et les sources crédibles nous étendons le méta-schéma du modèle OntoDB de la même manière que nous avons fait pour persister les DFs et les NCD (3.2.3) et les composants du système d'intégration (3.3.2). Un méta-modèle décrivant les confidences des propriétés et les sources crédibles (Figure 3.4) est proposé en premier lieu. En second lieu, le méta-modèle est instancié dans le méta-schéma du modèle OntoDB en utilisant le langage OntoQL [Jean et al., 2006a]. La séquence de requêtes suivante permet de faire cette instanciation.

```
ALTER ENTITY #Property
ADD ATTRIBUTE #Confidence float;

ALTER ENTITY #Property
ADD ATTRIBUTE #CredibleSource REF (#Source);
```

## 3.5 Conclusion

Nous avons proposé dans ce chapitre l'ajout des dépendances aux ontologies, un système d'intégration des BDBOs et une méthodologie de réconciliation et de fusion des données.

La notion de dépendances fonctionnelles est une notion classique qui existe dans le monde des bases de données, nous avons projeté une notion analogue dans le monde des ontologies pour augmenter leur expressivité.

## 3.5. Conclusion

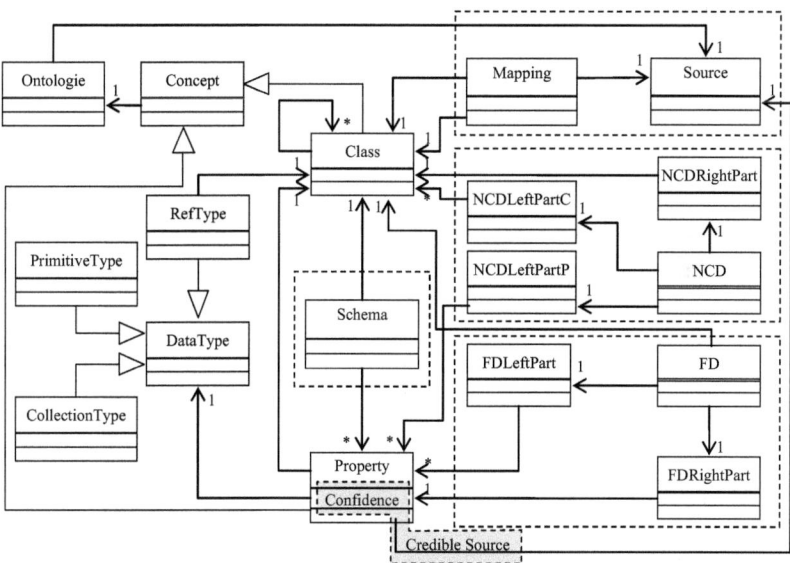

FIG. 3.4 – Extension du méta-schéma du modèle OntoDB par les confiances des propriétés et les sources crédibles

Nous avons proposé d'enrichir la formalisation traditionnelle des ontologies par les dépendances fonctionnelles qui permettent d'offrir plus d'autonomie aux sources dans le choix des clés pour leurs classes et la génération de la clé de réconciliation des résultats des requêtes. De même pour permettre la représentation des classes non canoniques dans les formalismes d'ontologies qui ne les supportent pas, nous avons proposé une formalisation permettant d'étendre la formalisation traditionnelle des ontologies.

Le système d'intégration de sources de données proposé est caractérisé par le fait qu'il soit complètement automatique et incrémental. Cette approche, suppose l'existence d'une ontologie de domaine mais elle ne limite pas l'autonomie des sources quant à la structure de leurs propres

*Chapitre 3. Notre système d'intégration*

ontologies. Au lieu de réaliser l'intégration des ontologies, comme c'est le cas dans la plupart des approches classiques, notre approche exige de chaque source à intégrer que (1) la source de données contienne une ontologie, et (2) cette ontologie référence les concepts existants dans l'ontologie du domaine et ajoute ses propres concepts qui n'existent pas. De plus, notre approche n'exige pas l'existence des sources de données lors de l'intégration, comme plusieurs autres approches, mais elle peut intégrer ou supprimer une source de données à tout moment.

Une fois notre système d'intégration mis en place, il est prêt à être interrogé. Une étape très importante dans l'interrogation d'un système est la construction des résultats d'une requête. Nous avons proposé une méthode de réconciliation et de fusion de données qui utilise les DFs et se déroule suivant cinq étapes: (1) la découverte des DFs de la requête, (2) la détermination des sources concernées, (3) la dérivation de la clé de réconciliation, (4) évaluation des requêtes et la (5) réconciliation et fusion des résultats. La réconciliation des instances en utilisant les DFs permet de détecter les instances se référant à la même entité du monde réel. Pour ces instances (doublons), nous avons proposé une fusion dans une même représentation par l'implémentation de différentes techniques de résolution des conflits. Contrairement aux méthodes qui sont conçues pour des agrégations en offline, nous proposons une méthode de réconciliation et de fusion incrémentale et online qui permet de retourner une réponse primaire rapidement.

Chapitre

# Optimisation des requêtes par annotation des propriétés

## Sommaire

- **4.1 Introduction** .......................... **95**
- **4.2 Travaux connexes** ..................... **96**
- **4.3 Notre proposition** ..................... **97**
  - 4.3.1 Formalisation de l'annotation des propriétés .... 99
    - 4.3.1.1 Notations ................. 99
    - 4.3.1.2 Modèle formel .............. 102
  - 4.3.2 Etapes de l'annotation ................ 104
    - 4.3.2.1 Génération des domaines des valeurs des sources ................... 105
    - 4.3.2.2 Génération des sous domaines et affectation des sources aux sous domaines .... 105
  - 4.3.3 Mise à jour des annotations des propriétés ...... 107
- **4.4 Exécution d'une requête** ................. **108**
  - 4.4.1 Propriété numérique ................ 109
  - 4.4.2 Propriété énumérée ................. 110
  - 4.4.3 Propriété ni numérique ni énumérée ......... 110
- **4.5 Validation** .......................... **110**

*Chapitre 4. Optimisation des requêtes par annotation des propriétés*

> 4.5.1 Persistance de l'annotation des propriétés . . . . . . 111
> 4.5.2 Expérimentation . . . . . . . . . . . . . . . . . . . 113
>     4.5.2.1 Les domaines sont disjoints . . . . . . . . 114
>     4.5.2.2 Les domaines sont générés aléatoirement . 115
>     4.5.2.3 Les domaines sont égaux . . . . . . . . . 116
> **4.6 Conclusion** . . . . . . . . . . . . . . . . . . . . . . . . . . . **117**

**Résumé.** Le chapitre 4 détaille présente notre proposition de matérialiser les domaines de définition (annotations) des propriétés numériques et énumérées dans le médiateur. En utilisant ces annotations, une requête sur le médiateur sera envoyée uniquement aux sources qui contiennent certainement des réponses. Nous regroupons les domaines de définition pour générer un ensemble de sous domaines auxquels seront affectées les sources. Par la suite, une requête contenant un prédicat portant sur une propriété annotée ne sera envoyée à une source que si elle contient des instances satisfaisant le prédicat. Notre proposition a été évaluée sur une collection de sources de données générées, et les résultats des expérimentations ont montré une nette amélioration du temps de réponse des requêtes.

## 4.1 Introduction

La manipulation des sources hétérogènes implique des traitements différents selon les sources. De ce fait, les algorithmes classiques d'optimisation utilisés dans les bases de données ne peuvent pas tous être appliqués dans le cas d'une optimisation sur des sources de données hétérogènes. Ceci a donné lieu à de mauvaises (voire absence de) connaissances des propriétés des données manipulées (index, distribution, schémas ou cardinalités). Faire appel à d'autres choix devient alors essentiel : l'ordonnancement, le regroupement des sous-requêtes et la parallélisation des requêtes vers les sources suivant leurs capacités [NGOC, 2003].

Pour optimiser les requêtes sur notre système d'intégration, nous proposons l'annotation de chaque propriété de type numérique ou énuméré par le domaine dans lequel la propriété prend ses valeurs dans la source. Nous regroupons ces domaines de définition pour générer un ensemble de sous domaines auxquels seront affectées les sources et nous les stockons au niveau du médiateur. Par la suite, une requête contenant un prédicat portant sur une propriété annotée ne sera envoyée à une source que si elle contient des instances satisfaisant le prédicat. Nous avons réalisé des expérimentations sur une collection de données générées, où les résultats ont montré l'efficacité de notre proposition.

Nous présentons dans la section suivante, un exemple pour illustrer le principe de l'annotation avant de passer à la formalisation de notre proposition. Nous détaillons juste après, les deux étapes de l'annotation à savoir (1) la génération des domaines des valeurs des sources et (2) la génération des sous domaines et affectation des sources aux sous domaines. Nous présentons par la suite, l'exécution des requêtes possédant des prédicats portant sur une propriété annotée. Nous présentons aussi, notre proposi-

*Chapitre 4. Optimisation des requêtes par annotation des propriétés*

tion pour étendre le modèle ontologique par l'annotation des propriétés, puis nous exposons enfin, les résultats des expérimentations effectuées qui montrent l'amélioration en temps d'exécution apportée par l'application de notre proposition.

## 4.2 Travaux connexes

L'annotation des propriétés est une méthode d'indexation du contenu des sources qui permet d'éviter de lancer l'exécution d'une sous-requête sur une source de données lorsque l'on sait que cette source ne contient pas de données pouvant satisfaire la requête. De nombreux travaux, concernant l'indexation des données présentes sur des ressources réparties, existent dans la littérature. Ce problème est lié au problème de l'indexation d'une base de données distribuée [Crespo and Garcia-Molina, 2002]. Cependant, les algorithmes d'indexation de bases de données distribuées font deux hypothèses fondamentales qui ne sont pas applicables dans notre cas: que les sources sont stables et connectées la plupart du temps, et que le nombre de sources est petit. En particulier, les travaux qui ont pour support les réseaux pair-à-pair ne font pas ces hypothèses. Même si leur logique de fonctionnement n'est pas tout à fait la même, tout ce qui concerne l'indexation des sources est tout à fait comparable à ce que nous présentons dans cet article.

Il existe plusieurs systèmes pair-à-pair actuellement disponibles, chacun avec sa propre approche d'indexation. Napster[15] utilise des indexes centralisés. Freenet[16] utilise une autre approche pour l'indexation où Chaque nœud crée un index avec l'emplacement des documents récemment demandés, s'ils sont demandés à nouveau, les documents peuvent être récu-

---

[15] http://www.napster.com, http://try.rhapsody.com/
[16] http://freenet.sourceforge.net, https://freenetproject.org/

pérés à un faible coût. Il y a un certain nombre de systèmes de recherche pair-à-pair, (CAN [Ratnasamy et al., 2001], OceanStore [Kubiatowicz et al., 2000], CHORD [Stoica et al., 2001], de la Pastry [Rowstron and Druschel, 2001], et Tapestry [Zhao et al., 2013]), qui peuvent efficacement trouver des documents dans un réseau pair-à-pair. Les principales différences entre ces systèmes et notre approche est que les requêtes sont sur le contenu des sources (donnes structurées) plutôt que sur des identifiants de documents.

Le problème de la sélection des bases de données, auxquelles envoyer une requête, a été étudié dans le cadre du projet de *GlOSS* [Gravano et al., 1999]. Dans ces trois versions: *bGlOSS*, qui fournit un modèle de recherche à des requêtes booléennes, *vGlOSS*, qui fournit un modèle de recherche d'espace vectoriel et *hGlOSS*, qui fournit une version décentralisée du système. Cependant, *GlOSS* considère que les bases de données contiennent des collections de documents et indexe le contenu de ces documents. Alors que notre approche s'applique aux bases de données contenant des tables de données et leurs sémantiques dans des ontologies.

## 4.3 Notre proposition

Pour illustrer la problématique, prenons l'exemple de la figure 4.1. Soit un médiateur accédant à trois sources contenant chacune la relation *Student(personId, name, address, age)* qui est l'extension de la classe *Student* en valuant les propriétés *personId, name, address* et *age*. La requête $Q(y,z)$:- $Students(x), name(x,y), address(x,z), age(x,"24")$ sera réécrite en l'union des requêtes sur les trois sources $Q = Q^{S_1} \cup Q^{S_2} \cup Q^{S_2}$. Mais nous pouvons voir que la source $S_1$ est interrogée inutilement car elle ne contient que les étudiants ayant l'âge dans l'intervalle $[15, 20] \cup [25, 35]$.

*Chapitre 4. Optimisation des requêtes par annotation des propriétés*

Donc si le médiateur dispose des informations ($S_1$ : $age \in [15, 20] \cup [25, 35]$, $S_2$ : $age \in [18, 25[$ et $S_3$ : $age \in [15, 30]$) sur les valeurs de la propriété *age* dans chaque source, il peut réécrire la requête $Q$ en interrogeant $S_2$ et $S_3$ seulement ($Q = Q^{S_2} \cup Q^{S_3}$). Ce qui permet d'accélérer l'exécution de la requête $Q$.

$S_1 : age$  [15, 20]  [25, 35]

| personId | name | address | age |
|---|---|---|---|
| 125 | Mohamed | Alger | 19 |
| 110 | Ali | Blida | 26 |

$S_2 : age$  [18, 25[

| personId | name | address | age |
|---|---|---|---|
| 241 | Amin | Oran | 20 |
| 268 | Nabil | Oran | 24 |

$S_3 : age$  [15, 30]

| personId | name | address | age |
|---|---|---|---|
| 355 | Redha | Tipaza | 18 |
| 390 | Sofiane | Alger | 24 |
| 398 | Oualid | Chlef | 28 |

FIG. 4.1 – Exemple de motivation

Notre proposition consiste à annoter chaque propriété de type numérique ou énumérée par le domaine dans lequel la propriété prend ses valeurs dans la source. Nous regroupons les domaines pour générer un ensemble de sous domaines auxquels seront affectées les sources. Ces annotations seront stockées au niveau du médiateur (Figure 4.2). Par la suite, une requête contenant un prédicat portant sur une propriété annotée ne sera envoyée à une source que si elle contient des instances satisfaisant le prédicat.

## 4.3. Notre proposition

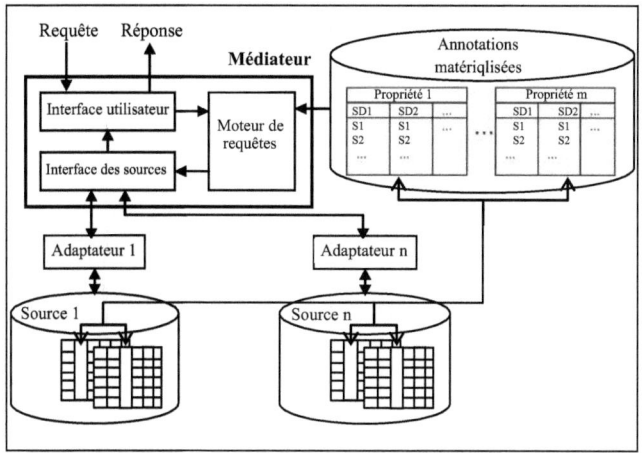

FIG. 4.2 – Schéma d'un médiateur avec annotation des propriétés

### 4.3.1 Formalisation de l'annotation des propriétés

L'objectif est de réduire le temps d'exécution des requêtes posées au médiateur, spécifiquement, celles contenant des prédicats portant sur des propriétés numériques ou énumérées. Tout d'abord, nous présentons quelques notations puis nous détaillons la représentation formelle de l'annotation des propriétés.

#### 4.3.1.1 Notations

La table 4.1 regroupe l'ensemble des notations utilisées dans cette section.

Chaque source $S_i$ de l'ensemble des sources $S = \{S_1, S_2, ..., S_{ns}\}$ contient un ensemble de relations. Chaque relation value un ensemble de propriétés.

$D_{S_i}(p)$ avec $p \in SchL_i(\delta(p))$ ($\delta(p)$ est la classe domaine de la propriété

## Chapitre 4. *Optimisation des requêtes par annotation des propriétés*

| Notation | Signification |
|---|---|
| $O$ | Ontologie du médiateur $< C, \mathcal{P}, Sub, \mathcal{A}pplic >$ |
| $C$ | Ensemble des **C**lasses de l'ontologie |
| $\mathcal{P}$ | Ensemble des **P**ropriétés des classes de l'ontologie |
| $Sub$ | Relation de **Sub**somption entre les classes de l'ontologie |
| $\mathcal{A}pplic$ | Les propriétés qui sont **Applic**ables pour chaque instance d'une classe |
| $\mathcal{I}$ | Ensemble des **I**nstances de données de la base de données |
| $\mathcal{P}op$ | Associe à chaque classe sa **Pop**ulation d'instances |
| $Sch$ | Application qui définit le **Sch**éma des classes de l'ontologie |
| $\mathcal{M}ed$ | Représentation du **Méd**iateur $< \mathcal{G}, \mathcal{S}, \mathcal{M} >$ |
| $\mathcal{G}$ | Schéma **G**lobal du médiateur $<O, Sch>$ |
| $\mathcal{S}$ | Ensemble des schémas des **S**ources intégrées dans le médiateur |
| $OL_i$ | **O**ntologie **L**ocale de la source $S_i$ dans le médiateur |
| $SchL_i$ | **Sch**éma **L**ocale de la source $S_i$ dans le médiateur |
| $\mathcal{M}$ | **M**apping entre les classes de l'ontologie du médiateur et ceux des ontologies des sources |
| $p$ | Une **p**ropriété de $\mathcal{P}$ |
| $c$ | Une **c**lasse de $C$ |
| $\delta(p)$ | Classe domaine de la propriété $p$ |
| $D_{S_i}(p)$ | Domaine de définition de la propriété $p$ dans la source $S_i$ |
| $D(p)$ | Domaine de définition de la propriété $p$ dans le médiateur |
| $\mathcal{A}$ | Système d'**A**nnotation $< SD, PropertySD, SourceSD >$ |
| $SD$ | Ensemble des **S**ous **D**omaines associés aux propriétés |
| $PropertySD$ | Associe, à chaque **S**ous **D**omaine, la **p**ropriété annotées |
| $SourceSD$ | Application qui associe, à chaque **S**ous **D**omaine, l'ensemble des **S**ources qui ont des valeurs dans ce sous domaine |
| $CC$ | **C**lause de **C**ondition d'une requête |
| $\theta_i$ | **O**pérateur de comparaison, $\theta_i \in \{=, <, \leq, >, \geq\}$ |
| $LCC$ | **L**iste des **C**lauses de **C**onditions d'une requête |
| $opL_i$ | **Op**érateur **L**ogique (**ET** ou **OU**) |
| $Q$ | Requête sur le médiateur |
| $S_Q$ | Ensemble des **S**ources concernées par la requête $Q$ |
| $S_{CC_i}$ | Ensemble des **S**ources impliquées par la clause $CC_i$ |
| $opE_i$ | **Op**érateur **E**nsembliste (**UNION** ou **INTERSECTION**) |
| $PP$ | Ensemble de **P**ropriétés **P**rojetées d'une requête |
| $Cls$ | Ensemble des **Cl**asses qui apparaissent dans la requête |
| $JCP$ | Ensemble de **P**ropriétés de **C**lause de **J**ointures |
| $CCP$ | Ensemble des **P**ropriétés de **C**lause de **C**onditions |
| $ncc, ns, nsd, nd$ | **n**ombre de **c**lauses de **C**ondition, **s**ources, **s**ous-**d**omaines, **d**omaines |

TAB. 4.1 – Liste des notations

## 4.3. Notre proposition

$p$, i.e. $p \in \mathcal{A}plic(\delta(p)))$ : est le domaine de définition de la propriété $p$ dans la source $S_i$. Si la propriété est numérique, son domaine de définition est un ou plusieurs intervalles qui sont fournis par la source ou calculés par l'algorithme 4.1 (présenté dans la section 4.3.2.1). Si elle est énumérée, son domaine de définition est un ensemble fini de valeurs.

*Exemple.*
   Considérons les trois sources $S_1$, $S_2$ et $S_3$ de la figure 4.1. Dans cet exemple nous nous intéressons à la propriété *age*, qui est numérique, et à la propriété *address*, qui est énumérée.
   - Pour la propriété *age*, ses domaines de définitions dans les sources sont :
     - $S_1$ : $D_{S_1}(age) = [15, 20] \cup [25, 35]$
     - $S_2$ : $D_{S_2}(age) = [18, 25[$
     - $S_3$ : $D_{S_3}(age) = [15, 30]$
   - Pour la propriété *address*, ses domaines de définitions dans les sources sont :
     - $S_1$ (wilayas du centre) : $D_{S_1}(address) = \{Alger, Blida, Tipaza, AinDefla, Chlef\}$
     - $S_2$ (wilayas de l'ouest) : $D_{S_2}(address) = \{Relizane, Mostaganem, Oran, Sidi-bel-Abbes\}$
     - $S_3$ (wilayas du littoral) : $D_{S_3}(address) = \{Boumerdes, Alger, Tipaza, Chlef, Mostaganem, Oran\}$

Chaque propriété numérique ou énumérée de l'ontologie du médiateur $p$ a un domaine de définition $D(p)$ qui se définit comme suit :

$$D(p) = D_{S_1}(p) \cup ... \cup D_{S_{ns}}(p)$$

*Exemple.*

*Chapitre 4. Optimisation des requêtes par annotation des propriétés*

- Le domaine $D(age)$ de la propriété *age* se définit comme suit :
$$D(age) = D_{S_1}(age) \cup D_{S_2}(age) \cup D_{S_3}(age) = [15, 35]$$
- Le domaine $D(address)$ de la propriété *address* se définit comme suit :
$$D(address) = D_{S_1}(address) \cup D_{S_2}(address) \cup D_{S_3}(address) =$$
$$\{Boumerdes, Alger, Blida, Tipaza, AinDefla, Chlef, Relizane,$$
$$Mostaganem, Oran, Sidi - bel - Abbes\}$$

#### 4.3.1.2 Modèle formel

Nous redéfinissons le schéma global du médiateur défini dans la section 3.3 pour supporter l'annotation des propriétés. Il devient en effet un quadruplet :

$$\mathcal{M}ed :< \mathcal{G}, \mathcal{S}, \mathcal{M}, \mathcal{A} > \text{ avec } \mathcal{A} :< SD, PropertySD, SourceSD >$$

**1.** $SD$ est l'ensemble des sous domaines associés aux propriétés. L'objectif de ces sous domaines est de séparer les valeurs que peuvent prendre les propriétés dans les sources de façon à avoir un minimum de sources pour chaque sous domaine.

A chaque propriété annotée $p$ est associé un ensemble de sous domaines $\{SD_1(p), ..., SD_{nsd}(p)\}$ tel que l'union de ces sous domaines est le domaine de définition de la propriété :

$$SD_1(p) \cup ... \cup SD_{nsd}(p) = D(p)$$

Les sous domaines $SD_i(p)$ seront générés par deux algorithmes (présentés dans la section 4.3.2.2) de génération des sous domaines et d'affectation des sources aux sous domaines, un premier (Algorithme 4.2) pour

## 4.3. Notre proposition

une propriété numérique et un second (Algorithme 4.3) pour une propriété énumérée.

*Exemple.*

- Les sous domaines de la propriété *age* se définissent comme suit :
  - $SD_1 = [15, 18[$,
  - $SD_2 = [18, 20[$,
  - $SD_3 = [20, 25[$,
  - $SD_4 = [25, 30[$,
  - $SD_5 = [30, 35]$.
- Les sous domaines $SD_i$ de la propriété *address* se définissent comme suit :
  - $SD_1 = \{Boumerdes\}$,
  - $SD_2 = \{Alger, Tipaza, Chlef\}$,
  - $SD_3 = \{Blida, AinDefla\}$,
  - $SD_4 = \{Relizane, Sidi-bel-Abbes\}$,
  - $SD_5 = \{Mostaganem, Oran\}$.

**2.** $PropertySD : SD \rightarrow \mathcal{P}$ est une application qui associe, à chaque sous domaine, la propriété concernée par l'annotation.

*Exemple.*

- $SD_1 = [15, 18[ : PropertySD(SD_1) = age$
- $SD_2 = \{Alger, Tipaza, Chlef\} : PropertySD(SD_2) = address$

**3.** $SourceSD : SD \rightarrow 2^S$ est une application qui associe, à chaque sous domaine, l'ensemble des sources qui ont des instances dont une propriété prend ses valeurs dans ce sous domaine. Cette association sera effectuée

*Chapitre 4. Optimisation des requêtes par annotation des propriétés*

également par les deux algorithmes (présentés dans la section 4.3.2.2) de génération des sous domaines et affectation des sources aux sous domaines, l'algorithme 4.2 pour une propriété numérique et l'algorithme 4.3 pour une propriété énumérée.

*Exemple.*

- Les sources affectées au sous domaines $SD_i$ de la propriété *age* se définissent comme suit :
  - $SD_1 = [15, 18[ : SourceSD(SD_1) = \{S_1, S_3\}$,
  - $SD_2 = [18, 20[ : SourceSD(SD_2) = \{S_1, S_2, S_3\}$,
  - $SD_3 = [20, 25[ : SourceSD(SD_3) = \{S_2, S_3\}$,
  - $SD_4 = [25, 30[ : SourceSD(SD_4) = \{S_1, S_3\}$,
  - $SD_5 = [30, 35] : SourceSD(SD_5) = \{S_1\}$.
- Les sous domaines $SD_i$ de la propriété *address* se définissent comme suit :
  - $SD_1 = \{Boumerdes\} : SourceSD(SD_1) = \{S_3\}$,
  - $SD_2 = \{Alger, Tipaza, Chlef\} : SourceSD(SD_2) = \{S_1, S_3\}$,
  - $SD_3 = \{Blida, AinDefla\} : SourceSD(SD_3) = \{S_1\}$,
  - $SD_4 = \{Relizane, Sidi - bel - Abbes\} : SourceSD(SD_4) = \{S_2\}$,
  - $SD_5 = \{Mostaganem, Oran\} : SourceSD(SD_5) = \{S_2, S_3\}$.

### 4.3.2 Etapes de l'annotation

La réalisation de l'annotation des propriétés passe par trois étapes, à savoir la génération des domaines des valeurs des sources, la génération des sous domaines et l'affectation des sources aux sous domaines générés.

4.3. Notre proposition

#### 4.3.2.1 Génération des domaines des valeurs des sources

Le domaine de définition d'une propriété énumérée dans une source est l'ensemble (sans répétition) de valeurs de cette propriété dans la source. Si la propriété est numérique, son domaine de définition est un ou plusieurs intervalles qui peuvent être calculés par l'algorithme 4.1. L'algorithme prend en entrée l'ensemble des valeurs $V$ de la propriété dans la source et un seuil indiquant que deux instances sont proches pour qu'elles soient dans le même intervalle. Il initialise le domaine par un intervalle contenant une valeur de $V$. Il inspecte par la suite les valeurs de $V$ une à une. Pour chaque valeur, il y a quatre cas possibles comme le montre la figure 4.3 :

1. Soit elle appartient à un intervalle existant,
2. Soit elle est proche de l'un des intervalles, auquel cas, ce dernier est étendu pour contenir la valeur,
3. Soit elle se situe dans la proximité de deux intervalles, dans ce cas, les deux intervalles seront fusionnés.
4. Soit elle est suffisamment éloignée de tous les intervalles pour qu'elle soit considérée comme un nouvel intervalle.

#### 4.3.2.2 Génération des sous domaines et affectation des sources aux sous domaines

Nous avons développé deux algorithmes de génération des sous domaines et affectation des sources aux sous domaines : un premier pour une propriété numérique et un second pour une propriété énumérée.

*Chapitre 4. Optimisation des requêtes par annotation des propriétés*

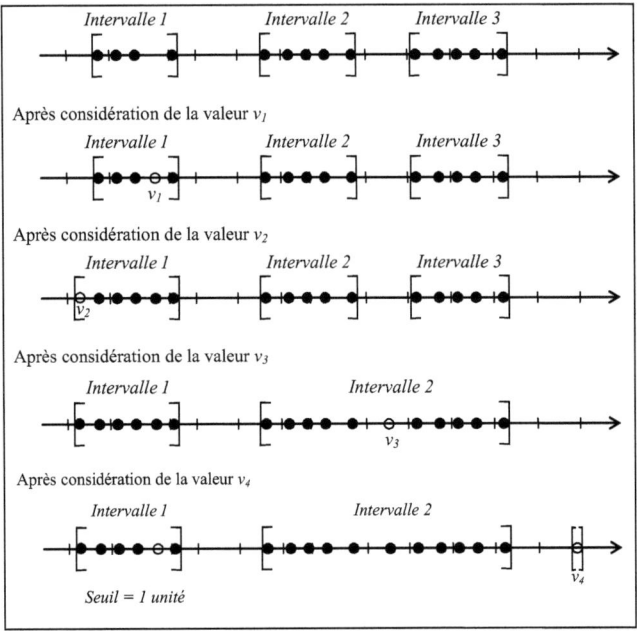

Fig. 4.3 – Exemple de génération du domaine de définition

**Propriété numérique**

L'algorithme de génération des sous domaines et d'affectation des sources aux sous domaines d'une propriété numérique $p$ (Algorithme 4.2) permet de calculer le domaine de définition de la propriété dans le médiateur $D(p)$. Il range les bornes supérieures et inférieures de tous les intervalles dans un tableau qui sera trié par la suite. Les intervalles constitués par chaque deux bornes successives du tableau trié forment l'ensemble des sous domaines de départ. A chaque intervalle de cet ensemble est associé l'ensemble des sources ayant un domaine de définition de la propriété qui inclut l'intervalle. L'ensemble de départ sera raffiné par (1) la fusion des intervalles auxquels est associé le même ensemble de sources et (2) la suppression des sous domaines auxquels aucune source n'est associée.

**Propriété énumérée**

L'algorithme de génération des sous domaines et d'affectation des sources aux sous domaines d'une propriété énumérée $p$ (Algorithme 4.3) calcule le domaine de définition de la propriété dans le médiateur $D(p)$ puis initialise l'ensemble des sous domaines par un sous domaine contenant une seule valeur. Pour chaque valeur de $D(p)$, soit elle se trouve dans un ensemble (de sources) identique à l'ensemble (de sources) associé à l'un des sous domaines existant, auquel cas elle est ajoutée à ce sous domaine, soit elle est considérée comme un nouveau sous domaine. L'algorithme permet également d'affecter les sources aux sous domaines générés.

### 4.3.3 Mise à jour des annotations des propriétés

Certaines valeurs des propriétés annotées sont relativement stables ou sont rarement modifiées alors que d'autres sont mises à jour fréquemment. Notre proposition n'est donc, plus fiable si elle ne suit pas les modifications de ce valeurs. Pour cela nous définissons des périodicités de mise à jour des annotations de chaque propriété. La mise à jour consiste à redéfinir le domaine de définition de la propriété dans la source puis à régénérer les sous domaines de la propriété dans le médiateur tout en associant les nouvelles sources à chaque sous domaine.

*Chapitre 4. Optimisation des requêtes par annotation des propriétés*

## 4.4 Exécution d'une requête

Une requête $Q(X) : -pr_1(X_1), ..., pr_{np}(X_{np})$ comporte un ensemble de Propriétés Projetées *PP*, demandées par la requête, un ensemble de Classes qui apparaissent dans la requête *Cls*, un ensemble de Propriétés de Clause de Jointures *JCP* et un ensemble de Propriétés de Clause de Conditions *CCP*.

Chaque clause de conditions $CC_i$ comporte trois parties : *propriété*, *opérateur* et *valeur* de comparaison. La clause de condition $CC_i$ peut être représentée comme suit :

$$CC_i(p_i, \theta_i, valeur_i) \text{ avec } p_i \in \mathcal{P} \text{ et } valeur_i \in D(p_i)$$

- $\theta_i$ : est un opérateur de comparaison, $\theta_i \in \{=, <, \leq, >, \geq\}$,
- $valeur_i$ : est une valeur de comparaison.

La liste des clauses de conditions *LCC* de la requête est l'ensemble des clauses de condition $CC_i$ séparées par des opérateurs logiques $opL_i$ (**ET** logique ou **OU** logique). Elle est écrite comme suit :

$$LCC = CC_1 \; opL_1 \; CC_2 \; opL_2 \; ... \; opL_{ncc-1} \; CC_{ncc} \text{ avec } opL_i \in \{\wedge, \vee\} \text{ et } ncc$$
est le nombre de clauses de condition.

Soit $S_Q$ l'ensemble des sources concernées par la requête $Q$ et $S_{CC_i}$ l'ensemble des sources impliquées par la clause $CC_i$. L'ensemble des sources concernées par la requête $S_Q$ est l'ensemble des sources impliquées par les clauses $S_{CC_i}$ séparées par des opérateurs ensemblistes $opE_i$ (**UNION** ou **INTERSECTION**).

$$S_Q = S_{CC_1} \; opE_1 \; S_{CC_2} \; opE_2 \; ... \; opE_{ncc-1} \; S_{CC_{ncc}} \text{ avec } opE_i \in \{\cap, \cup\}$$

Pour définir $S_{CC_i}$, trois cas peuvent se présenter : (1) soit la propriété $p_i$ est numérique, (2) soit elle est énumérée ou bien (3) elle n'est ni l'un ni l'autre.

### 4.4.1 Propriété numérique

Si la propriété $p_i$ est une propriété numérique, trois cas peuvent se présenter : (1) une clause d'égalité, (2) une clause d'inégalité avec opérateur d'infériorité ou (3) une clause d'inégalité avec opérateur de supériorité.

1. Pour une clause d'égalité de type $CC_i(p_i, =, valeur_i)$, l'ensemble des sources concernées est :

$$S_{CC_i} = \{s \mid s \in SourceSD(SD_j(p_i)) \wedge valeur_i \in SD_j(p_i)\}$$

   *Exemple.*
   $CC = (age, =, 24) : S_{CC} = \{S_2, S_3\}$

2. Pour une clause d'inégalité avec opérateur d'infériorité de type $CC_i(p_i, \theta_i, valeur_i)$ avec $\theta_i \in \{<, \leq\}$, l'ensemble des sources concernées est :

$$S_{CC_i} = \{s \mid s \in \cup_{j=1..r} SourceSD(SD_j(p_i)) \wedge valeur_i \in SD_r(p_i)\}$$

   *Exemple.*
   $CC = (age, <, 22) : S_{CC} = \{S_2, S_3, S_3\}$

3. Pour une clause d'inégalité avec opérateur de supériorité de type $CC_i(p_i, \theta_i, valeur_i)$ avec $\theta_i \in \{>, \geq\}$, l'ensemble des sources concernées est :

$$S_{CC_i} = \{s \mid s \in \cup_{j=r..nsd} SourceSD(SD_j(p_i)) \wedge valeur_i \in SD_r(p_i)\}$$

   *Exemple.*
   $CC = (age, >, 26) : S_{CC} = \{S_1, S_3\}$

*Chapitre 4. Optimisation des requêtes par annotation des propriétés*

### 4.4.2 Propriété énumérée

Si la propriété $p_i$ est une propriété énumérée, pour une clause de type $CC_i(p_i, =, valeur_i)$, l'ensemble des sources concernées est :

$$S_{CC_i} = \{s \mid s \in SourceSD(SD_j(p_i)) \land valeur_i \in SD_j(p_i)\}$$

*Exemple.*
$CC = (address, =, "Alger") : S_{CC} = \{S_1, S_3\}$

### 4.4.3 Propriété ni numérique ni énumérée

Si la propriété $p_i$ n'est une propriété ni numérique ni énumérée, dans ce cas l'identification des sources concernées ne sera pas modifiée. Toutes les sources de $S$ qui valuent la propriété $p_i$ sont concernées par la requête :

$$S_{CC_i} = \{s_j \mid s_j \in S \land p_i \in Sch_j(\delta(p_i))\}$$

*Exemple.*
$CC = (name, =, "Mohamed") : S_{CC} = \{S_1, S_3, S_3\}$

## 4.5 Validation

Pour valider notre proposition, nous persistons l'annotation des propriétés en étendant le méta-schéma du modèle OntoDB [Pierra et al., 2004, Dehainsala et al., 2007] puis nous réalisons quelques expérimentations.

### 4.5.1 Persistance de l'annotation des propriétés

Le méta-schéma du modèle OntoDB contient deux principales tables *Entity* et *Attribute* qui sauvegardent le niveau méta-modèle. La table *Entity* décrit les concepts ontologiques tels que *class*, *property* et *data type*. La table *Attribute* décrit les attributs relatifs à chaque concept ontologique (*name*, *description*, *comment*, etc.). Pour persister l'annotation des propriétés nous étendons le méta-schéma du modèle OntoDB. Un méta-modèle décrivant l'annotation des propriétés (Figure 4.4) est proposé en premier lieu. Par la suite, le méta-modèle est instancié dans le méta-schéma du modèle OntoDB en utilisant le langage OntoQL [Jean et al., 2006a]. La séquence de requêtes suivante permet de faire cette instanciation.

```
CREATE ENTITY #SubDomaine(
    #itsProperty REF(#Property),
    #itsSources REF(#Source)ARRAY);

CREATE ENTITY #Interval(
    #lowerBound FLOAT,
    #upperBound FLOAT);

CREATE ENTITY #Value(
    #value STRING);

CREATE ENTITY #NumericalSD UNDER #SubDomaine(
    #itsIntervals REF(#Interval)ARRAY));

CREATE ENTITY #EnumeratedSD UNDER #SubDomaine(
    #itsIntervals REF(#Value)ARRAY));
```

*Chapitre 4. Optimisation des requêtes par annotation des propriétés*

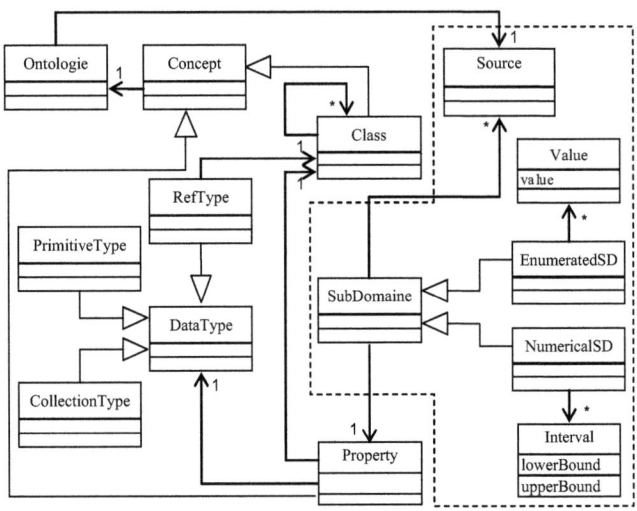

FIG. 4.4 – Extension du méta-schéma du modèle OntoDB par l'annotation des propriétés

*Exemple.* La requête OntoQL suivante permet d'insérer l'intervalle [15, 18], de créer un sous domaine numérique pour cet intervalle et d'affecter la source '$S_1$' à ce sous domaine.

**INSERT INTO** #Interval (#lowerBound, #upperBound)
**VALUES** (15, 18);

**INSERT INTO** #NumericalSD (#itsProperty, #itsSources, #itsIntervals)
**VALUES** ((**SELECT** #Property.#oid
          **FROM** #Property

```
      WHERE #Property.#name = 'age'),
      (SELECT #Source.#oid
      FROM #Source
      WHERE #Source.#URL = 'S1'),
      ARRAY[
          (SELECT #Interval.#oid
          FROM #Interval
          WHERE #Interval.#lowerBound = 15
          AND #Interval.#upperBound = 18)
      ]);
```

### 4.5.2 Expérimentation

Une évaluation a été réalisée sur un ensemble de bases de données contenant chacune la relation *Students(personId, name, address, age)* qui est l'extension de la classe *Student* en valuant les propriétés *personId*, *name*, *address* et *age*. Nous nous sommes intéressés à la propriété numérique *age*. Nous avons varié le nombre d'instances de 10 à 1.000.000 étudiants ; puis nous avons varié le nombre de sources de données de 10 à 200 sources. Pour chaque combinaison (Nombre d'instances, Nombre de sources) nous avons exécuté deux requêtes de sélection. Une première contenant un prédicat d'égalité portant sur la propriété *age* ($Q = (y,z)$:- *Students(x), name(x,y), address(x,z), age(x, value)*) et une deuxième contenant un prédicat d'inégalité portant toujours sur la propriété *age* ($Q = (y,z)$:- *Students(x), name(x,y), address(x,z), age(x, < value)*). Les deux requêtes sont exécutées sur un système de médiation classique et sur notre système avec annotation de la propriété *age*, nous calculons par la suite le pourcentage d'amélioration apporté par notre système par rapport au sys-

*Chapitre 4. Optimisation des requêtes par annotation des propriétés*

tème classique.

Nous avons remarqué que trois cas peuvent se présenter : Les domaines sont (1) disjoints, (2) générés aléatoirement ou (3) égaux.

### 4.5.2.1 Les domaines sont disjoints

Lorsque les domaines de la propriété dans les sources sont disjoints (cas d'une fragmentation horizontale par exemple), pour la requête d'égalité (Figure 4.5), l'amélioration est stable quel que soit le nombre d'instances. Alors qu'elle monte de 60% pour 10 sources à 99% pour 100 sources. Cela est dû au fait que les résultats de la requête se trouvent dans une seule source.

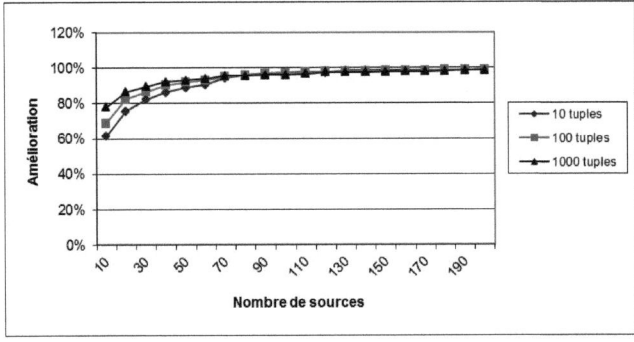

FIG. 4.5 – Amélioration d'une requête d'égalité avec des domaines disjoints

Pour la requête d'inégalité (Figure 4.6), l'amélioration est stabilisée à plus de 100 sources contenant moins de 1000 instances. Elle est stabilisée dans les environs de 10% au-delà de 1000 instances quel que soit le nombre de sources. Nous observons une dégradation de l'amélioration, car toutes les sources ayant un domaine de définition possédant une borne

## 4.5. Validation

inférieure moins que la valeur de comparaison pour un prédicat avec les opérateurs "<" ou "≤" (respectivement une borne supérieure plus que la valeur de comparaison pour un prédicat avec les opérateurs ">" ou "≥") sont concernées par la requête, donc le nombre de sources à éliminer est faible.

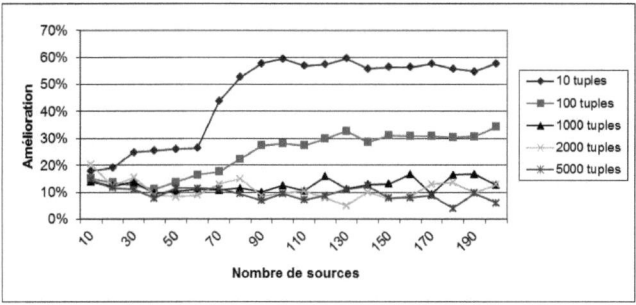

FIG. 4.6 – Amélioration d'une requête d'inégalité avec des domaines disjoints

### 4.5.2.2 Les domaines sont générés aléatoirement

Lorsque les domaines de la propriété dans les sources sont générés aléatoirement, pour une requête d'égalité (Figure 4.7), l'amélioration est stabilisée à plus de 100 sources contenant moins de 1000 instances. Elle est stabilisée dans les environs de 40% au-delà de 1000 instances quel que soit le nombre de sources.

Pour une requête d'inégalité (Figure 4.8), l'amélioration est stabilisée à plus de 100 sources contenant moins de 1000 instances. Elle est stabilisée dans les environs de 15% au-delà de 1000 instances quel que soit le nombre sources.

*Chapitre 4. Optimisation des requêtes par annotation des propriétés*

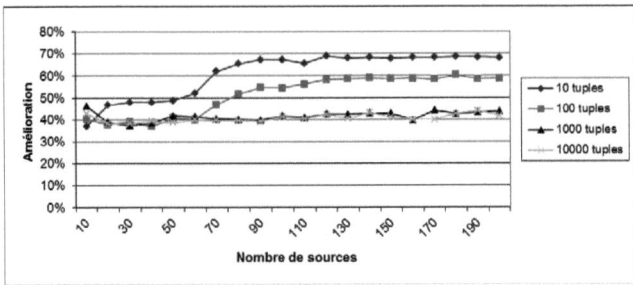

FIG. 4.7 – Amélioration d'une requête d'égalité avec des domaines aléatoires

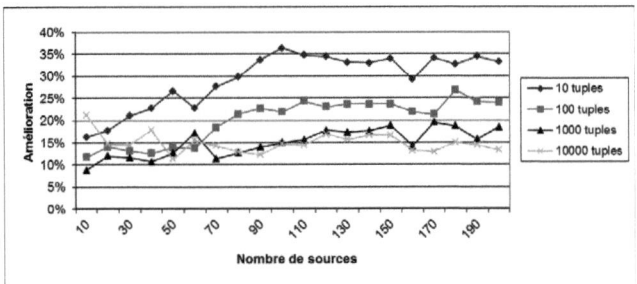

FIG. 4.8 – Amélioration d'une requête d'inégalité avec des domaines aléatoires

#### 4.5.2.3 Les domaines sont égaux

Lorsque les domaines des propriétés dans les sources sont égaux (cas d'une réplication), nous n'observons aucune amélioration, car toutes les sources sont impliquées par une requête. Donc, aucune source ne peut être éliminée.

## 4.6 Conclusion

Pour optimiser les requêtes sur notre système d'intégration, nous avons proposé l'annotation de chaque propriété de type numérique ou énuméré par le domaine dans lequel la propriété prend ses valeurs dans la source. Nous regroupons les domaines pour générer un ensemble de sous domaines auxquels seront affectées les sources et nous les stockons au niveau du médiateur. Par la suite, une requête contenant un prédicat portant sur une propriété annotée ne sera envoyée à une source que si elle contient des instances satisfaisant le prédicat. Nous avons réalisé des expérimentations sur une collection de données générées automatiquement où les résultats ont montré l'efficacité de notre proposition. Les résultats expérimentaux montrent une excellente amélioration des requêtes d'égalité lorsque les domaines des propriétés dans les sources sont disjoints. Une nette amélioration (plus de 40% des requêtes d'égalité et plus de 15% des requêtes d'inégalité) est observée lorsque les domaines sont générés aléatoirement.

Chapitre 4. Optimisation des requêtes par annotation des propriétés

Algorithm 4.1 – Génération du domaine d'une propriété numérique

Input: $V$ : Ensemble des valeurs de la propriété $p$ dans une source $S_j$;
   $s$ : Seuil de séparation des intervalles;
Output: $Int$ : Ensemble des intervalles;
**début**
| Ajouter l'intervalle $[v_1, v_1]$ à $Int$ // $v_1 \in V$;
| **pour chaque** *valeur* $v \in V$ **faire**
| | **si** $\forall [v_i, v_j] \in Int \; v \notin [v_i, v_j]$ **alors**
| | | **si** $v_i - v < s$ **alors**
| | | | $v_i = v$;
| | | | **si** $\exists [v_k, v_l] \in Int \; v - v_l < s$ **alors**
| | | | | //Fusionner les deux intervalles $[v_k, v_l]$ et $[v_i, v_j]$;
| | | | | $v_l = v_j$;
| | | | | Retirer l'intervalle $[v_i, v_j]$ de $Int$;
| | | **sinon**
| | | | **si** $v - v_j < s$ **alors**
| | | | | $v_j = v$;
| | | | | **si** $\exists [v_k, v_l] \in Int \; v_k - v < s$ **alors**
| | | | | | //Fusionner les deux intervalles $[v_i, v_j]$ et $[v_k, v_l]$;
| | | | | | $v_j = v_l$;
| | | | | | Retirer l'intervalle $[v_k, v_l]$ de $Int$;
| | | | **sinon**
| | | | | Ajouter l'intervalle $[v, v]$ à $Int$;

**fin**

## 4.6. Conclusion

**Algorithm 4.2** – Génération des sous domaines et affectation des sources aux sous domaines : propriété numérique

Input: *Domaines* : Ensemble des domaines de la propriété dans les sources;
/*Un domaine est l'union d'un ensemble d'intervalles $Domaines(S_j) = \bigcup_{i=1..nd} [binf_i, bsup_i]$*/;
Output: $D(p)$ : Domaine de définition de la propriété dans le médiateur;
*SubDomaines* : Ensemble des sous domaines;
*SourcesSD* : Ensemble contenant la liste des sources pour chaque sous domaine;

**début**

$D(p) = Domaines(S_1) \cup ... \cup Domaines(S_{ns})$;

**pour chaque** *domaine $D \in Domaines$* **faire**

  **pour chaque** *intervale $[binf_i, bsup_i]$ de $D$* **faire**

    Ajouter $binf_i$ et $bsup_i$ au tableau $T$;
    Trier le tableau $T$;

  **pour chaque** *borne $T(i)$ du tableau $T$* **faire**

    $SD = [T(i), T(i+1)[$;
    Ajouter $SD$ à $SubDomaines$;
    $SourcesSD(SD) = \{S_j \in S \mid SD \subseteq Domaines(S_j)\}$ ;

**pour chaque** $SD_i \in SubDomaines$ **faire**

  **pour chaque** $SD_j \in SubDomaines$ **faire**

    **si** $SourcesSD(SD_i) = SourcesSD(SD_j)$ **alors**

      $SD_i = SD_i \cup SD_j$;
      Retirer $SD_j$ de $SubDomaines$;

  **si** $SourcesSD(SD_i) = \phi$ **alors**

    Retirer $SD_i$ de $SubDomaines$;

**fin**

*Chapitre 4. Optimisation des requêtes par annotation des propriétés*

Algorithm 4.3 – Génération des sous domaines et affectation des sources aux sous domaines : propriété énumérée

Input: *Domaines* : Ensemble des domaines de la propriété dans les sources;
Output: $D(p)$ : Domaine de définition de la propriété dans le médiateur;
  *SubDomaines* : Ensemble des sous domaines;
  *SourcesSD* : Ensemble contenant la liste des sources pour chaque sous domaine;

**début**

$D(p) = Domaines(S_1) \cup ... \cup Domaines(S_{ns})$;
$SD_1 = \{v_1\}$ avec $v_1 \in D(p)$;
$SourcesSD(SD_1) = \{S_j \in S \mid v_1 \in Domaines(S_j)\}$ ;
Ajouter $SD_1$ à $SubDomaines$;

**pour chaque** *valeur* $v \in D(p)$ **faire**

  $Source(v) = \{S_j \in S \mid v \in Domaines(S_j)\}$ ;
  **si** $\exists SD \in SubDomaines\ SourcesSD(SD) = Source(v)$ **alors**
    $SD = SD \cup \{v\}$;

  **sinon**
    $SD = \{v\}$;
    Ajouter $SD$ à $SubDomaines$;
    $SourcesSD(SD) = Source(v)$ ;

**fin**

Chapitre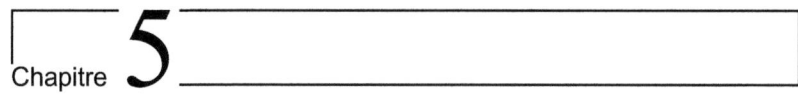

# Optimisation de la réconciliation par tables de hachage

## Sommaire

| | | | |
|---|---|---|---|
| **5.1** | Introduction | | 123 |
| **5.2** | Tables de hachage | | 124 |
| **5.3** | Réconciliation du résultat d'une requête | | 126 |
| | 5.3.1 | Réconciliation en utilisant les tableaux | 126 |
| | 5.3.2 | Réconciliation en utilisant les tables de hachage | 127 |
| **5.4** | Présentation des deux prototypes | | 127 |
| | 5.4.1 | OMED (OntoDB MEDiator) | 128 |
| | 5.4.2 | PMMED (PHP MySQL MEDiator) | 130 |
| **5.5** | Expérimentations | | 132 |
| | 5.5.1 | Préparation des données du test | 133 |
| | 5.5.2 | Utilisation des tableaux | 134 |
| | 5.5.3 | Utilisation des tables de hachage | 137 |
| | 5.5.4 | Comparaison des temps de réponse en utilisant les tableaux et en utilisant les tables de hachage | 137 |
| **5.6** | Conclusion | | 139 |

*Chapitre 5. Optimisation de la réconciliation par tables de hachage*

**Résumé.** Le chapitre 5 présente notre contribution de l'utilisation des tables de hachage pour optimiser la réconciliation des résultats d'une requête. Tout d'abord nous commençant par le fondement théorique de ce type de structure de données. Nous présentons après la méthode de réconciliation du résultat venant d'une source et le résultat global. Nous exposons ensuite les deux prototypes que nous avons réalisés pour valider notre système d'intégration. Pour chacun deux nous présentons comment implémenter la structure de données tables de hachage. Enfin nous détaillons les expérimentations effectuées afin de montrer la valeur ajoute de notre contribution.

## 5.1 Introduction

La méthode d'exécution des requêtes que nous avons proposé se déroule en cinq étapes suivantes : (1) découverte des DFs de la requête, (2) détermination des sources concernées, (3) dérivation de la clé de réconciliation, (4) évaluation des requêtes et enfin la (5) la réconciliation et fusion des résultats. Il est clair que le temps d'exécution des trois premières étapes est négligeable par rapport aux étapes (4) et (5). Bien que l'étape (4) soit hors de la responsabilité du système d'intégration, elle concerne les sources interrogées, nous avons proposé dans le chapitre 4, une méthode pour réduire le nombre de ces sources afin de réduire le temps d'exécution de l'étape (4). Notre dernière marge de manouvre pour optimiser le temps de réponse des requêtes est de réduire le temps d'exécution de la dernière étape, à savoir la réconciliation et fusion des résultats.

Nous avons remarqué que l'utilisation de la structure de données *tableau* pour stocker les résultats intermédiaire de la réconciliation prend beaucoup de temps. Ce qui nous a amené à la changer par la structure de données *tables de hachage* qui assure un temps d'exécution de la réconciliation beaucoup moins que celui lors de l'utilisation des tableaux. Nous avons justifié notre nouveau choix théoriquement et expérimentalement.

La section suivante époque tout d'abord le fondement théorique de la structure de données *tables de hachage*. La section 3 présente la méthode de réconciliation du résultat venant d'une source et le résultat global. Ensuite, nous exposons dans la section 4, les deux prototypes que nous avons réalisés pour valider notre système d'intégration. Pour chacun deux nous présentons comment implémenter la structure de données *tables de hachage*. Enfin dans la dernière section, nous détaillons les expérimentations effectuées afin de montrer la valeur ajoute de notre contribution.

*Chapitre 5. Optimisation de la réconciliation par tables de hachage*

## 5.2 Tables de hachage

On dispose souvent de données qu'on veut les ranger pour pouvoir effectuer sur lesquelles des opérations d'ajout, de recherche de manière très efficaces. Il existe, plusieurs façons de les ranger [ZEGOUR, 1996]:

1. L'utilisation d'un tableau ordonné : L'insertion d'une donnée provoque alors des décalages. Par contre, la recherche est rapide puisqu'elle est dichotomique.

2. L'utilisation d'une liste non ordonné : L'insertion d'une donnée est donc rapide puisqu'elle se fait à la fin. Par contre, si on veut rechercher un élément, on est obligé de procéder séquentiellement.

   Nous constatons que pour les deux types de rangement, l'avantage de l'un fait l'inconvénient de l'autre. C'est à dire, pour rechercher rapidement ($O(Log(n))$ ), il faut ranger lentement. Et si on veut ranger rapidement, il faudrait rechercher lentement ($O(n)$).

3. L'utilisation d'un arbre binaire de recherche : Il faut une relation d'ordre sur les données. Le temps de recherche d'dépend de l'ordre dans lequel les données ont été insérées.

Une quatrième possibilité de ranger une donnée dans un tableau est d'affecter un emplacement calculé par une fonction $f$. $f(valeur)$ est alors l'emplacement dans le tableau où sera rangée la donnée (*valeur*). Dans ce type de rangement, que ce soit pour insérer ou rechercher une donnée, on procédera toujours aussi rapidement ($O(1)$).

Le problème avec ce nouveau type de rangement est la détermination d'une fonction bijective, c'est à dire une fonction qui attribue pour chaque donnée à insérer un nouvel emplacement dans le tableau. Il n'est pas facile de découvrir une telle fonction $f$.

## 5.2. Tables de hachage

Cette nouvelle méthode de rangement n'est rien d'autre que la structure de données table de hachage [Aho et al., 1983, ZEGOUR, 1996, Skiena, 2008] (appelé aussi tableau associatif, dictionnaire ou table d'association)

Une table de hachage est une structure de données qui permet de :
– L'association d'une valeur à une clé ;
– Un accès rapide à la valeur à partir de la clé (comme un tableau) ;
– L'insertion rapide (comme dans une liste).

Le vocabulaire des tables de hachage peut se résumer en les cinq points suivants :

1. Clé : L'objet auquel est associe la valeur ;

2. Valeur : L'objet que l'on souhaite stocker ;

3. Table : La structure dans laquelle sont rangées les associations <clé, valeur> à des adresses ;

4. Alvéole : Case qui se trouve à une adresse de la table ;

5. La fonction de hachage : Transforme une clé en une adresse dans la table.

Les opérations usuellement fournies par une table de hachage sont :
– Ajout : association d'une nouvelle valeur à une nouvelle clef ;
– Modification : association d'une nouvelle valeur à une ancienne clef ;
– Suppression : suppression d'une clef ;
– Recherche : détermination de la valeur associée à une clef, si elle existe.

Les tables de hachage sont utilisées couramment en informatique, par exemple dans les systèmes de fichiers ou pour gérer la table des symboles des compilateurs durant l'analyse lexicale.

*Chapitre 5. Optimisation de la réconciliation par tables de hachage*

## 5.3 Réconciliation du résultat d'une requête

La réconciliation du résultat venant d'une source et le résultat global peut être effectuée par l'algorithme 5.1. Ce dernier prend chaque instance du résultat de la source et vérifie s'il existe une instance, qui peut être réconciliée avec elle, dans le résultat global. Si une telle instance existe, l'algorithme fusionne les valeurs des propriétés des deux instances dans une seule instance dans le résultat global, autrement l'instance de la source est ajoutée au résultat global comme une nouvelle instance.

Algorithm 5.1 – Réconciliation des résultats d'une source
Input: $K_R$: Clé de réconciliation;
$ans(Q_i^{S_j})$ : Résultat de la source;
$R$: Résultat global;
Output: $R$: Résultat global;
**début**

(1): **pour chaque** $i_2 \in ans(Q_i^{S_j})$ **faire**

(2): **si** $\exists\, i_1 \in R\ Reconcile(i_1, i_2)$ **alors**

$i_1 = FusionOf(i_1, i_2)$;

**sinon** Ajouter $i_2$ à $R$;

**fin**

### 5.3.1 Réconciliation en utilisant les tableaux

Pour réconcilier le résultat venant d'une source avec le résultat global, il faut parcourir les $n_S$ instances du résultat venant de la source (la ligne (1) de l'algorithme), soit une complexité de $O(n)$. Pour chaque instance de la source il faut parcourir les $n_G$ instances du résultat global à la recherche de cette instance (la ligne (2) de l'algorithme), soit une complexité de $O(n)$. La réconciliation nécessite donc un temps égal à $n_S \times n_G$ itérations, soit une complexité de $O(n^2)$. La réconciliation des résultats venant des $n$ sources nécessite un temps égal à $n_S \times n_G \times n$ itérations, soit une complexité de $O(n^3)$.

### 5.3.2 Réconciliation en utilisant les tables de hachage

L'utilisation d'une table de hachage pour stocker les résultats intermédiaires permet de parcourir les instances du résultat global à la recherche d'une instance en un temps égal à 1 itération au lieu de $n_G$ itérations, soit une complexité de $O(1)$. Donc la réconciliation des résultats venant des $n$ sources nécessite un temps égal à $n_S \times 1 \times n$ itérations, soit une complexité de $O(n^2)$.

Comme $n_G$ et $n_S$ sont très grands comparativement à $n$, donc

$$n_S \times n_G \times n >> n_S \times n$$

Cela implique l'utilisation des table de hachage permet de gagner un temps très considérable.

## 5.4 Présentation des deux prototypes

Nous avons réalisé deux prototypes pour valider notre système d'intégration: un premier en utilisant le modèle OntoDB implémenté en Java sous le SGBD PostgreSQL muni de son langage de requête OntoQL, et un second où nous avons implémenté notre propre BDBO en utilisant le langage PHP sous le SGBD MySQL.

*Chapitre 5. Optimisation de la réconciliation par tables de hachage*

## 5.4.1 OMED (OntoDB MEDiator)

Nous avons réalisé le premier prototype en utilisant le modèle OntoDB et son langage de requête OntoQL. Le méta schéma du modèle ontoDB est basé sur le fichier XML `ontology_model.xml` où sont représentées (1) les entités du modèle: {*ontology, concept, class, property, datatype,* ...}, (2) les attributs que nous avons ajouté aux entités ontology et property: {*ItsSource, Confidence, CredibleSource*} et (3) les nouvelles entités que nous avons ajouté: {*FDLeftPart, FDRightPart, FD, NCDLeftPart, NCDRightPart, NCD, Source, Schema, Mapping, SubDomaine, Interval, Value, NumericalSD, EnumeratedSD*}.

**Tables de hachage en Java**

En Java [Lafore, 2002, Arnold et al., 2005, Rooney, 2006], une table de hachage entretient trois ensembles :

1. Le premier est l'ensemble de ses clés. Il ne peut pas y avoir deux fois la même clé dans une table de hachage, cet ensemble ne peut donc pas posséder de doublon, il s'agit d'un Set.

2. Le deuxième est l'ensemble de ses valeurs. À la différence des clés, une même valeur peut être associée à plusieurs clés différentes. Cet ensemble est donc une Collection.

3. Le troisième est l'ensemble de ses entrées. Une entrée est un couple formé par une clé et la valeur qui lui a été associée.

Notons que ces trois ensembles ont nécessairement même cardinal.

L'interface `Map` modélise la forme la plus simple d'une table de hachage. Comme prévu, elle expose les méthodes de base suivantes :

## 5.4. Présentation des deux prototypes

- `put(K key, V value)` : Cette méthode permet d'associer une clé à une valeur ;
- `get(K key)`: Permet de récupérer une valeur à partir de cette clé ;
- `remove(K key)` : Permet de supprimer la clé passée en paramètre de cette table, et la valeur associée ;
- `keySet()` : Retourne l'ensemble de toutes les clés de cette table de hachage. Cet ensemble ne peut pas contenir de doublons, il s'agit d'un `Set<K>`, donc les éléments sont de type K. Cet ensemble est une vue sur les clés de la table de hachage. Donc les éléments ajoutés à cette table seront vus dans ce `Set`. Il supporte les méthodes `remove()` et `removeAll()`, mais pas les méthodes d'ajout d'éléments. Retirer une clé de cet ensemble retire également la valeur qui lui est associée.
- `values()` : Retourne l'ensemble de toutes les valeurs stockées dans cette table de hachage. À la différence de l'ensemble des clés, l'ensemble des valeurs peut contenir des doublons. Il est donc de type `Collection<V>`. Cette collection est également une vue sur la table : toute valeur ajoutée à la table sera vue dans cette collection. Elle supporte les méthodes `remove()` et `removeAll()`, qui ont pour effet de retirer également la clé associée à cette valeur, mais pas les méthodes d'ajout.
- `entrySet()` : Retourne l'ensemble des entrées de cette table de hachage. Cet ensemble est un `Set`, dont les éléments sont de type `Map.Entry`. Cet ensemble est lui aussi une vue sur la table, qui reflète donc les modifications qui peuvent y être faites. Il supporte les opérations de retrait d'éléments, mais pas les opérations d'ajout.

Plusieurs autres méthodes utilitaires sont ajoutées à cette interface.

- `clear()` : Efface tout le contenu de la table.

*Chapitre 5. Optimisation de la réconciliation par tables de hachage*

- size() et isEmpty() : Retourne le cardinal de la table, et un booléen qui indique si cette table est vide ou pas.
- putAll(Map map) : Permet d'ajouter toutes les clés de la table passée en paramètre à la table courante.
- containsKey(K key) et containsValue(V value) : Permettent de tester si la clé ou la valeur passée en paramètre sont présentes dans cette table.

Ils existent d'autres interfaces en Java qui permettent de modéliser les tables de hachage, notamment : L'interface Map.Entry, l'interface SortedMap et l'interface NavigableMap.

L'API Java Collection fournit trois implémentations de l'interface Map :

- Hashtable est présente depuis Java 1.0, et est synchronisée ;
- HashMap autorise les valeurs nulles, et n'est pas synchronisée ;
- LinkedHashMap étend HashMap et entretient une liste chaînée permettant d'itérer sur les entrées dans un ordre fixe.

L'interface SortedMap ne possède qu'une unique implémentation : TreeMap. Cette classe implémente également NavigableMap, extension de SortedMap. Si l'on doit utiliser TreeMap comme classe d'implémentation, autant utiliser l'interface NavigableMap, qui offre un jeu de méthodes beaucoup plus riche.

### 5.4.2 PMMED (PHP MySQL MEDiator)

Avant de réaliser le deuxième prototype, nous avons réalisé notre propre base de données à base ontologique [Bakhtouchi, 2014a] en utilisant le langage PHP sous le SGBD MySQL. La création d'une nouvelle BDBO se fait à travers un script SQL. Le prototype PMMED implémente un modèle

## 5.4. Présentation des deux prototypes

conceptuel de données que nous avons proposé. Il permet d'importer une ontologie au médiateur, d'intégrer une source au système, de supprimer une source du système et d'interroger les sources.

### Tables de hachage en PHP

Un tableau en PHP [Converse et al., 2004, Sklar, 2004, Vaswani, 2005] est en fait une carte ordonnée. Une carte est un type qui associe des valeurs en clés. Ce type est optimisé pour différentes utilisations ; il peut être considéré comme un tableau, une liste, une table de hachage, un dictionnaire, une collection, une pile, une file d'attente et probablement plus. On peut avoir, comme valeur d'un tableau, d'autres tableaux, multidimensionnels ou non.

Un tableau peut être créé en utilisant la structure de langage `array()`. Il prend un nombre illimité de paramètres, chacun séparé par une virgule, sous la forme d'une paire `key => value`. La clé `key` peut être soit un entier, soit une chaîne de caractères. La valeur `value` peut être de n'importe quel type.

Les tableaux PHP peuvent contenir des clés de type `integer` et `string` en même temps, vu que PHP ne distingue pas les tableaux indexés et les tables de hachage.

Les éléments d'un tableau peuvent être accédés en utilisant la syntaxe `array[key]`.

La structure de contrôle `foreach` existe tout spécialement pour les tableaux. Elle fournit une manière pratique de parcourir une table de hachage.

Il y a beaucoup de fonctions utiles pour travailler avec les tables de

*Chapitre 5. Optimisation de la réconciliation par tables de hachage*

hachage, en voici des exemples :
- array_diff(array $array1 , array $array2 [, array $... ]) : Calcule la différence entre des tableaux ;
- array_count_values(array $array) : Compte le nombre de valeurs d'un tableau ;
- array_fill_keys(array $keys , mixed $value) : Remplit un tableau avec des valeurs, en spécifiant les clés ;
- array_key_exists( mixed $key , array $array) : Vérifie si une clé existe dans un tableau ;
- array_search(mixed $needle , array $haystack) : Recherche dans un tableau la clé associée à une valeur ;
- array_values(array $array) : Retourne toutes les valeurs d'un tableau, permet de réaliser un effacement complet et une ré-indexation du tableau ;
- each(array &$array) : Retourne chaque paire clé/valeur d'un tableau ;
- in_array(mixed $needle , array $haystack) : Indique si une valeur appartient à un tableau ;
- key(array &$array) : Retourne une clé d'une table de hachage ;
- reset(array &$array) : Remet le pointeur interne de tableau au début pour traverser le tableau à nouveau avec each() ;
- unset(mixed $var) : Permet d'effacer les clés d'un tableau.

## 5.5 Expérimentations

Dans cette section nous commençons d'abord par la présentation des opérations effectuées pour préparer des données du test. Nous présentons

5.5. Expérimentations

après, les temps de réponse des requêtes lorsque nous utilisons les tableaux pour stocker les données intermédiaires. Nous présentons ensuite, les temps de réponse des requêtes lorsque nous utilisions les tables de hachage. Enfin, nous effectuons une comparaison entre ces deux temps de réponse afin de justifier notre choix.

### 5.5.1 Préparation des données du test

Pour valider la faisabilité et l'efficacité de notre système, nous avons mené des expérimentations en utilisant la collection de données que nous avons construit à partir du benchmark de l'université de Lehigh (LUBM: Lehigh University BenchMark) et ses 14 requêtes[17]. L'ontologie utilisée par le benchmark LUBM comporte 45 classes et 32 propriétés (dont 25 sont des propriétés complexes et 7 sont des propriétés simples). Les étapes de nos expérimentations sont les suivantes:

1. Génération de 30 sources (fichiers OWL) basé sur l'ontologie univ-bench.owl du benchmark LUBM en utilisant l'outil de génération de données UBA1.7.

2. Récupération des sources de données (fichiers OWL) dans une base de données (*BaseTriplets*) sous forme de triplets (*Subject, Predicate, object*) en utilisant le gestionnaire de bases de connaissances *ontowiki*[18].

3. Création d'un schéma de base de données à partir de l'ontologie univ-bench.owl.

4. Transformation du schéma en une base de données à base ontologique conforme au modèle OntoDB.

---
[17] http://swat.cse.lehigh.edu/projects/lubm/
[18] www.ontowiki.net

*Chapitre 5. Optimisation de la réconciliation par tables de hachage*

5. Insertion de l'ontologie `univ-bench.owl` dans une base de données à base ontologique de départ *BDBO_Init*.
6. Création de 30 bases de données à base ontologique (*bdbo1*, ..., *bdbo30*) à partir de BDBO_Init.
7. Importation des données aux sources (*bdbo1*, ..., *bdbo30*) à partir de la base de données *BaseTriplets* contenant les triplets.
8. Création d'un médiateur et importation de l'ontologie `univ-bench.owl` pour le médiateur.
9. Intégration des 30 bases de données à base ontologique dans le médiateur.
10. Exécution des 14 requêtes sur 5, 10, 15, 20, 25 et 30 bases. Chaque requête est répétée 10 fois afin de calculer la moyenne des temps d'exécutions.

Toutes les expérimentations ont été effectuées sur une machine Intel Pentium IV ayant un processeur d'une fréquence de 3.2 GHz, équipée d'une mémoire centrale de 1 Go, tournant sous le système d'exploitation Windows XP professionnel.

### 5.5.2 Utilisation des tableaux

Nous avons réalisé nos prototypes au premier temps en utilisant la structure de données "*tableau*". Nous avons effectué une série de tests sur la collection de données générée. L'expérimentation s'est effectuée sur un ensemble de 60 bases de données à base ontologique contenant chacune une table *Students(personId, name, address, age)*. Le nombre d'instance de la table *Students* est varié entre 128, 1024, 16384 et 131072 instances.

La requête suivante est exécutée sur 10, 20, 30, 40, 50 et 60 bases:

## 5.5. Expérimentations

**SELECT name, address FROM Students WHERE name like "...%"**

Nous avons enregistré deux temps différents:
- Le temps de réponse de la requête avant la réconciliation des résultats,
- Le temps de réponse de la requête après la réconciliation des résultats.

Cela a pour objectif de comparer le temps de fusion des résultats par rapport aux temps d'exécution de la requête.

Nous avons comparé les temps de réponses des requêtes pour des tables contenant 128, 1024, 16380 et 131072 instances. Nous varions le nombre de résultat de la requête de 1, 4, 32, 14, 128, 256 et toutes les instances de la table.

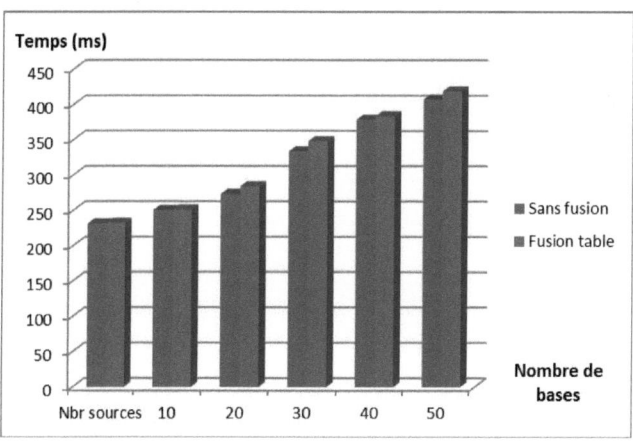

FIG. 5.1 – Temps de réponse d'une requête à une réponse contenant 4 instances avec utilisation des tableaux.

Les figures 5.1, 5.2 et 5.3 montrent respectivement les résultats obtenus pour des requêtes dont la réponse contient 4, 64 et 256 instances.

*Chapitre 5. Optimisation de la réconciliation par tables de hachage*

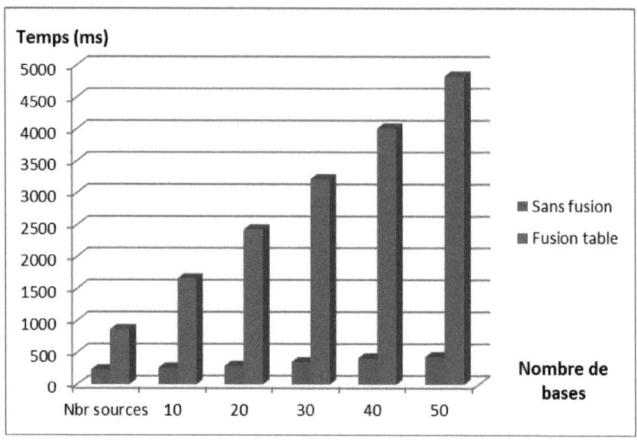

FIG. 5.2 – Temps de réponse d'une requête à une réponse contenant 64 instances avec utilisation des tableaux.

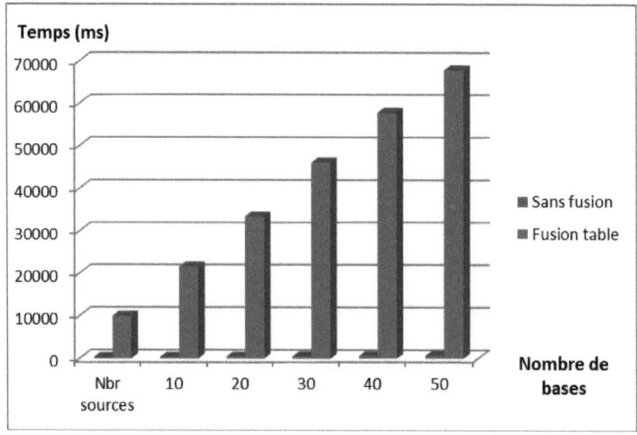

FIG. 5.3 – Temps de réponse d'une requête à une réponse contenant 256 instances avec utilisation des tableaux.

Ces figures montrent que le temps de réponse augmente très rapidement lorsque le nombre d'instance que contient la réponse de la requête augmente. Ce qui implique que le choix de l'utilisation des tableaux été un mauvais choix.

### 5.5.3 Utilisation des tables de hachage

Nous avons effectué les mêmes tests avec utilisation des tables de hachage. Après l'utilisation des tables de hachage, le temps de réponse après la réconciliation s'est nettement améliorer à un point où la différence entre le temps sans réconciliation et le temps après réconciliation ne peut se voir qu'à partir des requêtes ayant un résultat qui dépasse 1000 instances à partir de chaque source.

Les figures 5.4 et 5.5 montrent respectivement les résultats obtenus pour des requêtes dont la réponse contient 256 et 16380 instances.

Ces figures montrent que le temps de réponse augmente très lentement lorsque le nombre d'instance que contient la réponse de la requête augmente. Ce qui implique que le choix de l'utilisation des tables de hachage peut être un bon choix.

### 5.5.4 Comparaison des temps de réponse en utilisant les tableaux et en utilisant les tables de hachage

La figure 5.6 montre une comparaison des temps de réponse entre l'utilisation des tableaux et l'utilisation des tables de hachage pour une requête à une réponse contenant 16380.

Cette figure montre une grande divergence entre les deux courbes ce

*Chapitre 5. Optimisation de la réconciliation par tables de hachage*

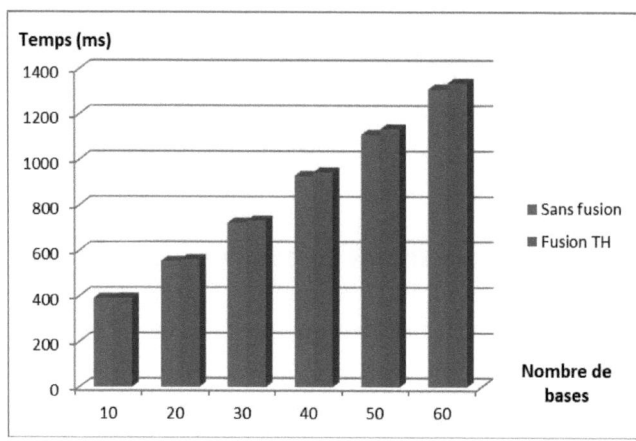

FIG. 5.4 – Temps de réponse d'une requête à une réponse contenant 256 instances avec utilisation des tables de hachage.

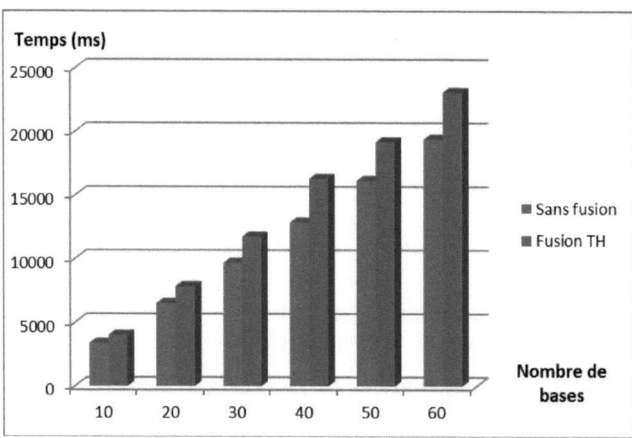

FIG. 5.5 – Temps de réponse d'une requête à une réponse contenant 16380 instances avec utilisation des tables de hachage.

qui justifie l'utilisation des table de hachage.

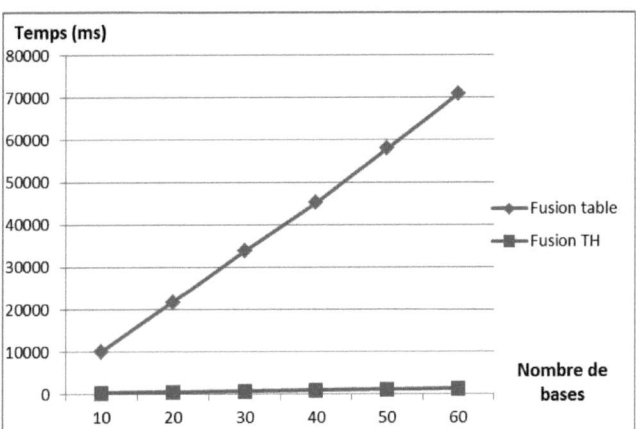

FIG. 5.6 – Comparaison des temps de réponse entre l'utilisation des tableaux et l'utilisation des tables de hachage pour une requête à une réponse contenant 16380.

## 5.6 Conclusion

Notre premier système d'intégration utilise la structure de données tableau pour stocker les résultats intermédiaire de la réconciliation. Nous avons remarqué l'étape de réconciliation prend beaucoup de temps. Nous avons proposé de changer structure de données tableaux par la structure de données tables de hachage qui assure un temps d'exécution de la réconciliation beaucoup moins. Nous avons démontré l'efficacité de ce choix théoriquement et à travers les expérimentations de comparaison réalisées.

# Conclusion et perspectives

## Conclusion et perspectives

## Conclusion

Aujourd'hui, il existe un nombre important et croissant de sources de données, qui peuvent être des documents (texte brute) et des données structurées (bases de données) ou semi-structurées (texte balisées). Ces sources de données sont, en général, autonomes et gérés par des systèmes différents pour des fins différentes. D'autre part, beaucoup de ces sources sont reliées tout en étant sémantiquement hétérogènes : elles modélisent la même réalité externe tout en utilisant des concepts et des structures différentes. Or, les organisations et les entreprises qui sont confrontées à de telles sources de données ont besoin d'en avoir une vision homogène et cohérente. Il est nécessaire, donc, de les intégrer et de disposer d'un système qui permet l'accès et la gestion de ces données.

L'objectif d'un système d'intégration des données est d'offrir une interface homogène pour interroger plusieurs sources, qui peuvent être hétérogènes et autonomes. Pour réaliser une telle interface plusieurs défis se

*Conclusion et perspectives*

---

présentent, parmi lesquels nous soulignons l'hétérogénéité structurelle et sémantique des sources de données, le traitement et l'optimisation des requêtes.

Le traitement des requêtes dans un système d'intégration de données diffère du traitement des requêtes dans un SGBD traditionnel. Après tout, le langage de requête (SQL, datalog, ou XQuery) est basée sur les opérations relationnelle (ou relationnelles étendues) standards. Son objectif reste de trouver un plan exécutable efficace pour la requête. Alors que les requêtes d'intégration de données traitent souvent des données distribuées, même ce problème a été étudié dans le cadre des systèmes de bases de données distribuées et fédérées. Les algorithmes classiques d'optimisation utilisés dans les bases de données ne peuvent pas tous être appliqués dans le cas d'une optimisation sur des sources de données hétérogènes. Ceci a donné lieu à de mauvaises (voire absence de) connaissances des propriétés des données manipulées (index, distribution, schémas ou cardinalités). Malgré ces similitudes superficielles, l'intégration des données offre effectivement un certain nombre de défis qui exigent de nouvelles solutions.

Pour optimiser les requêtes sur notre système d'intégration, nous avons proposé l'annotation de chaque propriété de type numérique ou énuméré par le domaine dans lequel la propriété prend ses valeurs dans la source. Nous avons proposé également de changer structure de données tableaux par la structure de données tables de hachage qui assure un temps d'exécution de la réconciliation beaucoup moins.

Ainsi, les différentes contributions de nos travaux peuvent être détaillées comme suit.

# Proposition d'un système d'intégration et de réconciliation des données

Nous avons proposé un système d'intégration complet (développé et publié en 2012) sur lequel s'implémente les deux contributions suivantes. Notre système d'intégration inclut trois principales contribution, a savoir l'ajout des dépendances aux ontologies, un système d'intégration des BD-BOs et une méthodologie de réconciliation et de fusion des données.

– *L'ajout des dépendances aux ontologies* : La notion de dépendances fonctionnelles est une notion classique qui existe dans le monde des bases de données, nous avons projeté une notion analogue dans le monde des ontologies pour augmenter leur expressivité. Nous avons proposé d'enrichir la formalisation traditionnelle des ontologies par les dépendances fonctionnelles qui permettent d'offrir plus d'autonomie aux sources dans le choix des clés pour leurs classes et la génération de la clé de réconciliation des résultats des requêtes. De même pour permettre la représentation des classes non canoniques dans les formalismes d'ontologies qui ne les supportent pas, nous avons proposé une formalisation permettant d'étendre la formalisation traditionnelle des ontologies.

– *Un système d'intégration des BDBOs* : Le système d'intégration de sources de données proposé est caractérisé par le fait qu'il soit complètement automatique et incrémental. Cette approche, suppose l'existence d'une ontologie de domaine mais elle ne limite pas l'autonomie des sources quant à la structure de leurs propres ontologies. Au lieu de réaliser l'intégration des ontologies, comme c'est le cas dans la plupart des approches classiques, notre approche exige de chaque source à intégrer que (1) la source de données contienne une ontolo-

*Conclusion et perspectives*

gie, et (2) cette ontologie référence les concepts existants dans l'ontologie du domaine et ajoute ses propres concepts qui n'existent pas. De plus, notre approche n'exige pas l'existence des sources de données lors de l'intégration, comme plusieurs autres approches, mais elle peut intégrer ou supprimer une source de données à tout moment.

– *Une méthodologie de réconciliation et de fusion des données* : Une fois notre système d'intégration mis en place, il est prêt à être interrogé. Une étape très importante dans l'interrogation d'un système est la construction des résultats d'une requête. Nous avons proposé une méthode de réconciliation et de fusion de données qui utilise les DFs et se déroule suivant cinq étapes: (1) la découverte des DFs de la requête, (2) la détermination des sources concernées, (3) la dérivation de la clé de réconciliation, (4) évaluation des requêtes et la (5) réconciliation et fusion des résultats. La réconciliation des instances en utilisant les DFs permet de détecter les instances se référant à la même entité du monde réel. Pour ces instances (doublons), nous avons proposé une fusion dans une même représentation par l'implémentation de différentes techniques de résolution des conflits. Contrairement aux méthodes qui sont conçues pour des agrégations en offline, nous proposons une méthode de réconciliation et de fusion incrémentale et online qui permet de retourner une réponse primaire rapidement.

## Optimisation des requêtes par annotation des propriétés

Nous avons proposé de matérialiser les domaines de définition (annotations) des propriétés numériques et énumérées dans le médiateur. En utilisant ces annotations, une requête sur le médiateur sera envoyée uniquement aux sources qui contiennent certainement des réponses. Nous regroupons les domaines de définition pour générer un ensemble de sous domaines auxquels seront affectées les sources. Par la suite, une requête contenant un prédicat portant sur une propriété annotée ne sera envoyée à une source que si elle contient des instances satisfaisant le prédicat. Notre proposition a été évaluée sur une collection de sources de données générées, et les résultats des expérimentations ont montré une nette amélioration du temps de réponse des requêtes.

## Optimisation de la réconciliation par tables de hashage

La méthode d'exécution des requêtes que nous avons proposé se déroule en cinq étapes suivantes : (1) découverte des DFs de la requête, (2) détermination des sources concernées, (3) dérivation de la clé de réconciliation, (4) évaluation des requêtes et enfin la (5) la réconciliation et fusion des résultats. Il est clair que le temps d'exécution des trois premières étapes est négligeable par rapport aux étapes (4) et (5). Bien que l'étape (4) soit hors de la responsabilité du système d'intégration, elle concerne les sources interrogées, nous avons proposé dans le chapitre 4, une méthode pour réduire le nombre de ces sources afin de réduire le temps d'exécution de l'étape (4). Notre dernière marge de manouvre pour optimiser le temps de réponse des requêtes est de réduire le temps d'exécution de la dernière étape, à savoir la réconciliation et fusion des résultats. Nous avons remarqué que l'utilisation de la structure de données *tableau* pour stocker les résultats intermédiaire de la réconciliation prend beaucoup de temps. Ce qui nous a amené à la changer par la structure de données *tables de hachage* qui assure un temps d'exécution de la réconciliation beaucoup moins que celui lors de l'utilisation des tableaux. Nous avons justifié notre nouveau choix théoriquement et expérimentalement.

# Perspectives

Nos travaux ont ouvert de nombreuses pistes que nous nous proposons de développer. Dans cette section nous présentons succinctement celles qui nous paraissent être les plus prometteuses.

### Evaluation sur des données réelles

Notre proposition a été évaluée sur une collection de données générée automatiquement. Nous envisageons la réalisation de plus d'expérimentations en utilisant un ensemble de données réelles à grande échelle pour évaluer l'efficacité réelle de l'annotation des propriétés pour un système d'intégration.

### Considération des caractéristiques des ontologies

De plus, l'ontologie en tant que telle n'a pas été utilisée, on s'est contenté de manipuler des concepts comme s'il s'agissait d'attributs munis de leurs domaines de définition respectifs. L'organisation des concepts au sein de l'ontologie peut être exploitée pour améliorer l'annotation, en utilisant par exemple la subsomption ou l'agrégation des domaines de définition, des sous domaine et des sources affectées.

# Bibliographie

[Adali and Emery, 1995] Adali, S. and Emery, R. (1995). A uniform framework for integrating knowledge in heterogeneous knowledge systems. In *Proceedings of the Eleventh International Conference on Data Engineering*, pages 513–520, Taipei, Taiwan. IEEE Computer Society.

[Ahmed et al., 1991] Ahmed, R., De Smedt, P., Du, W., Kent, W., Ketabchi, M. A., Litwin, W. A., Rafii, A., and Shan, M.-C. (1991). The pegasus heterogeneous multidatabase system. *Computer*, 24:19–27.

[Aho et al., 1983] Aho, A. V., Hopcroft, J. E., and Ullman, J. D. (1983). *Data structures and algorithms*. Addison-Wesley, Reading, Mass.

[Alasoud et al., 2005] Alasoud, A., Haarslev, V., and Shiri, N. (2005). A hybrid approach for ontology integration. In *Proceedings of the 31st VLDB Workshop on Ontologies-based techniques for DataBases and Information Systems (ODBIS)*, Trondheim, Norway.

[Alexaki et al., 2001] Alexaki, S., Christophides, V., Karvounarakis, G., Plexousakis, D., and Tolle, K. (2001). Rdfsuite: Managing voluminous rdf description bases. In *2nd Int.Workshop on the Semantic Web*.

[Anantharam et al., 2013] Anantharam, P., Barnaghi, P., and Sheth, A. (2013). Data processing and semantics for advanced internet of things (iot) applications: Modeling, annotation, integration, and perception. In *Proceedings of the 3rd International Conference on Web Intelligence, Mining and Semantics*, WIMS '13, pages 5:1–5:5, New York, NY, USA. ACM.

[Arens and Knoblock, 1993] Arens, Y. and Knoblock, C. A. (1993). Sims: Retrieving and integrating information from multiple sources. In *SIGMOD*, pages 562–563.

[Arnold et al., 2005] Arnold, K., Gosling, J., and Holmes, D. (2005). *Java(TM) Programming Language, The (4th Edition)*. Addison-Wesley Professional.

[Bakhtouchi, 2013a] Bakhtouchi, A. (2013a). *Intégration et réconciliation des données hétérogènes: Une approche ontologique dans une architecture de médiation*. Presses Académiques Francophones, 1st edition.

[Bakhtouchi, 2013b] Bakhtouchi, A. (2013b). Query optimization on ontology-based sources mediator using ontological properties annotation. *International Journal of Information Science - ASP*.

[Bakhtouchi, 2014a] Bakhtouchi, A. (2014a). Fgold: une base de données à base ontologique flexible et graphique prête à l'emploi. In *2nd International Workshop Human-Machine Interaction & Image (IHMIM'14)*.

[Bakhtouchi, 2014b] Bakhtouchi, A. (2014b). On the use of hash maps for data reconciliation optimization over a data integration system. In *International Symposium on Smart Sensors and Information Engineering (ISSSIE 2014)*.

[Bakhtouchi, 2014c] Bakhtouchi, A. (2014c). Query optimization on ontology-based sources mediator using properties indexing. In *International Conference on E-commerce and Information Engineering (ECIE 2014)*.

[Bakhtouchi and Bellatreche, 2011] Bakhtouchi, A. and Bellatreche, L. (2011). Data reconciliation and fusion in ontology-based data base mediation system using functional dependencies. *El Mir'at : revue de l'Ecole Militaire Polytechnique*, (19):39–41.

[Bakhtouchi et al., 2011a] Bakhtouchi, A., Bellatreche, L., and Aït-Ameur, Y. (2011a). Ontologies and functional dependencies for data integration and reconciliation. In *1st International Workshop on Modeling and Reasoning for Business Intelligence, in 30th International Conference on Conceptual Modeling*, pages 98–107.

[Bakhtouchi et al., 2012a] Bakhtouchi, A., Bellatreche, L., Jean, S., and Aït-Ameur, Y. (2012a). Mirsoft: mediator for integrating and reconciling sources using ontological functional dependencies. *International Journal of Web and Grid Services (IJWGS)*, 8(1):72–110.

[Bakhtouchi et al., 2012b] Bakhtouchi, A., Bellatreche, L., Jean, S., and Aït-Ameur, Y. (2012b). Ontologies as a solution for simultaneously integrating and reconciliating data sources. In *Sixth International Conference on Research Challenges in Information Science (RCIS)*, pages 1–12.

[Bakhtouchi et al., 2011b] Bakhtouchi, A., Chakroun, C., Bellatreche, L., and Aït-Ameur, Y. (2011b). *Mediated Data Integration Systems using Functional Dependencies Embedded in Ontologies*, chapter Recent Trends Information Reuse and Integration, pages 227–256. Springer.

[Batini and Scannapieco, 2010] Batini, C. and Scannapieco, M. (2010). *Data Quality: Concepts, Methodologies and Techniques*. Springer Publishing Company, Incorporated, 1st edition.

[Baumgartner et al., 2001] Baumgartner, R., Flesca, S., and Gottlob, G. (2001). Visual web information extraction with lixto. In *Proceedings*

*Bibliographie*

of the 27th International Conference on Very Large Data Bases, VLDB '01, pages 119–128, San Francisco, CA, USA. Morgan Kaufmann Publishers Inc.

[Bechhofer and Goble, 2001] Bechhofer, S. and Goble, C. (2001). Towards annotation using daml+oil. In *Workshop Knowledge Markup & Semantic Annotation*, Victoria B.C., Canada.

[Bellatreche, 2011] Bellatreche, L. (2011). *Contributions à la conception et l'exploitation de systèmes d'intégration de données*. Hdr, Ecole Nationale Supérieure de Mécanique et d'Aérotechnique, Université de Poitiers.

[Bellatreche et al., 2011] Bellatreche, L., Aït-Ameur, Y., and Chakroun, C. (2011). A design methodology of ontology based database applications. *Logic Journal of the IGPL*, 19(5):648–665.

[Bellatreche et al., 2004] Bellatreche, L., Pierra, G., Nguyen Xuan, D., Dehainsala, H., and Aït-Ameur, Y. (2004). An a priori approach for automatic integration of heterogeneous and autonomous databases. *International Conference on Database and Expert Systems Applications (DEXA'04)*, (475-485).

[Beneventano et al., 2000] Beneventano, D., Bergamaschi, S., Castano, S., Corni, A., Guidetti, R., Malvezzi, G., Melchiori, M., and Vincini, M. (2000). Information integration: The momis project demonstration. In *Proceedings of the 26th International Conference on Very Large Data Bases*, VLDB '00, pages 611–614, San Francisco, CA, USA. Morgan Kaufmann Publishers Inc.

[Benyahia et al., 2009] Benyahia, K., Lehireche, A., and Latreche, A. (2009). Annotation sémantique de pages web. In *Proceedings of the 2nd Conférence Internationale sur l'Informatique et ses Applications (CIIA'09)*, Saida, Algeria.

[Bilke et al., 2005] Bilke, A., Bleiholder, J., Böhm, C., Draba, K., Naumann, F., and Weis, M. (2005). Automatic data fusion with hummer. In *Proceedings of the International Conference on Very Large Databases*, pages 1251–1254, Trondheim, Norway.

[Bleiholder and Naumann, 2008] Bleiholder, J. and Naumann, F. (2008). Data fusion. *ACM Computing Surveys*, 411(1):1–41.

[Bozsak et al., 2002] Bozsak, E., Ehrig, M., Handschuh, S., Hotho, A., Maedche, A., Motik, B., Oberle, D., Schmitz, C., Staab, S., Stojanovic, L., Stojanovic, N., Studer, R., Gerd, S., Sure, Y., Tane, J., Volz, R., and Zacharias, V. (2002). Kaon - towards a large scale semantic web. In *Proceedings of the Third International Conference on E-Commerce and Web Technologies*, EC-WEB '02, pages 304–313, London, UK. Springer-Verlag.

[Breitbart et al., 1990] Breitbart, Y., Silberschatz, A., and Thompson, G. R. (1990). Reliable transaction management in a multidatabase system. *SIGMOD Record*, 19:215–224.

[Broekstra et al., 2002] Broekstra, J., Kampman, A., and van Harmelen, F. (2002). Sesame: A generic architecture for storing and querying rdf and rdf schema. In *The Semantic Web - ISWC 2002, First International Semantic Web Conference*, volume 2342 of *Lecture Notes in Computer Science*, pages 54–68, Sardinia, Italy. Springer.

[Buitelaar and Ramaka, 2005] Buitelaar, P. and Ramaka, S. (2005). Unsupervised ontology-based semantic tagging for knowledge markup. In *Workshop on Learning in Web Search at ICML*.

[Carr et al., 2004] Carr, L., Miles-Board, T., Woukeu, A., Wills, G., and Hall, W. (2004). The case for explicit knowledge in documents. In *Proceedings of the 2004 ACM Symposium on Document Engineering*, DocEng '04, pages 90–98, New York, NY, USA. ACM.

*Bibliographie*

[Carroll et al., 2004] Carroll, J. J., Dickinson, I., Dollin, C., Reynolds, D., Seaborne, A., and Wilkinson, K. (2004). Jena: implementing the semantic web recommendations. In *Proceedings of the 13th international conference on World Wide Web - Alternate Track Papers & Posters, WWW 2004*, pages 74–83, New York, NY, USA. ACM.

[Chawathe et al., 1994] Chawathe, S. S., Garcia-Molina, H., Hammer, J., Ireland, K., Papakonstantinou, Y., Ullman, J. D., and Widom, J. (1994). The tsimmis project: Integration of heterogeneous information sources. In *Proceedings of the 10th Meeting of the Information Processing Society of Japan*, pages 7–18.

[Ciravegna et al., 2004] Ciravegna, F., Chapman, S., Dingli, A., and Wilks, Y. (2004). Learning to harvest information for the semantic web. In *In Proceedings of the 1st European Semantic Web Symposium*, pages 10–12.

[Ciravegna et al., 2002] Ciravegna, F., Dingli, A., Petrelli, D., and Wilks, Y. (2002). User-system cooperation in document annotation based on information extraction. In *In Proceedings of the 13th International Conference on Knowledge Engineering and Knowledge Management, EKAW02*, pages 122–137. Springer Verlag.

[COLLIER et al., 2004] COLLIER, N., KAWAZOE, A., KITAMOTO, A., Wattarujeekrit, T., MIZUTA, Y., and MULLEN, A. (2004). Integrating deep and shallow semantic structures in open ontology forge. In *Special Interest Group on Semantic Web and Ontology, JSAI (Japanese Society for Artificial Intelligence)*, volume SIG-SWO-A402-05.

[Converse et al., 2004] Converse, T., Park, J., and Morgan, C. (2004). *PHP5 and MySQL Bible*. Bible Series. Wiley.

[Crespo and Garcia-Molina, 2002] Crespo, A. and Garcia-Molina, H. (2002). Routing indices for peer-to-peer systems. In *Proceedings* of the 22 Nd International Conference on Distributed Computing Systems (ICDCS'02), ICDCS '02, pages 23–, Washington, DC, USA. IEEE Computer Society.

[Dayal, 1983] Dayal, U. (1983). Processing queries over generalization hierarchies in a multidatabase system. In Schkolnick, M. and Thanos, C., editors, *Proceedings of the 9th International Conference on Very Large Data Bases*, pages 342–353. Morgan Kaufmann.

[Decker et al., 1998] Decker, S., Erdmann, M., Fensel, D., and Studer, R. (1998). Ontobroker: Ontology based access to distributed and semi-structured information. In *Proceedings of the IFIP TC2/WG2.6 Eighth Working Conference on Database Semantics- Semantic Issues in Multimedia Systems*, DS-8, pages 351–369, Deventer, The Netherlands, The Netherlands. Kluwer, B.V.

[Dehainsala et al., 2007] Dehainsala, H., Pierra, G., and Bellatreche, L. (2007). Ontodb: An ontology-based database for data intensive applications. In *Advances in Databases: Concepts, Systems and Applications, 12th International Conference on Database Systems for Advanced Applications, DASFAA 2007, Bangkok, Thailand, April 9-12, 2007, Proceedings*, volume 4443 of *Lecture Notes in Computer Science*, pages 497–508. Springer.

[Dill et al., 2003] Dill, S., Eiron, N., Gibson, D., Gruhl, D., Guha, R., Jhingran, A., Kanungo, T., Rajagopalan, S., Tomkins, A., Tomlin, J. A., and Zien, J. Y. (2003). Semtag and seeker: Bootstrapping the semantic web via automated semantic annotation. In *Proceedings of the 12th International Conference on World Wide Web*, WWW '03, pages 178–186, New York, NY, USA. ACM.

[Doan et al., 2012] Doan, A., Halevy, A. Y., and Ives, Z. G. (2012). *Principles of Data Integration*. Morgan Kaufmann.

*Bibliographie*

[Draper et al., 2001] Draper, D., Halevy, A. Y., and Weld, D. S. (2001). The nimble integration engine. In *Proceedings of the 2001 ACM SIGMOD International Conference on Management of Data*, pages 567–568, Santa Barbara, California, USA.

[Dzbor et al., 2004] Dzbor, M., Motta, E., and Domingue, J. (2004). Opening up magpie via semantic services. In McIlraith, S. A., Plexousakis, D., and van Harmelen, F., editors, *International Semantic Web Conference*, volume 3298 of *Lecture Notes in Computer Science*, pages 635–649. Springer.

[Etzioni et al., 2005] Etzioni, O., Cafarella, M., Downey, D., Popescu, A.-M., Shaked, T., Soderland, S., Weld, D. S., and Yates, A. (2005). Unsupervised named-entity extraction from the web: An experimental study. *ARTIFICIAL INTELLIGENCE*, 165:91–134.

[Fan, 2008] Fan, W. (2008). Dependencies revisited for improving data quality. In *PODS*, pages 159–170.

[Favre et al., 2005] Favre, C., Bentayeb, F., Boussaid, O., and Nicoloyannis., N. (2005). Entreposage virtuel de demandes marketing : de l'acquisition des objets complexes à la capitalisation des connaissances. In *2ème atelier Fouille de Données Complexes dans un processus d'extraction des connaissances en conjonction avec : Vèmes Journées d'Extraction et de Gestion des Connaissances (EGC 05)*, pages 65–68, Paris.

[Fort, 2014] Fort, K. (2014). *Les ressources annotées, un enjeu pour l'analyse de contenu : vers une méthodologie de l'annotation manuelle de corpus*. Phd thesis, Université Paris 13 - Sorbonne Paris Cité, Villetaneuse, France.

[Fort et al., 2012] Fort, K., Nazarenko, A., and Rosset, S. (2012). Modeling the complexity of manual annotation tasks: a grid of analysis. In

[François Goasdoué et al., 2000] François Goasdoué, F., Lattès, V., and Rousset, M. C. (2000). The use of carin language and algorithms for information integration: The picsel system. *International Journal of Cooperative Information Systems*, 9(4):383–401.

[Friedman et al., 1999] Friedman, M., Levy, A., and Millstein, T. (1999). Navigational plans for data integration. In *Proceedings of the sixteenth national conference on Artificial intelligence and the eleventh Innovative applications of artificial intelligence conference innovative applications of artificial intelligence*, AAAI '99/IAAI '99, pages 67–73, Menlo Park, CA, USA. American Association for Artificial Intelligence.

[Fuxman et al., 2005] Fuxman, A., Fuxman, D., and Miller, R. J. (2005). Conquer: A system for efficient querying over inconsistent databases. In *Proceedings of the 31st International Conference on Very Large Data Bases*, pages 1354–1357, Trondheim, Norway. ACM.

[Galhardas et al., 2000] Galhardas, H., Florescu, D., Shasha, D., and Simon, E. (2000). Ajax: an extensible data cleaning tool. In *Proceedings of the ACM SIGMOD International Conference on Management of Data*, page 590, Dallas, Texas, United States. ACM Press.

[Genesereth et al., 1997] Genesereth, M. R., Keller, A. M., and Duschka, O. M. (1997). Infomaster: an information integration system. In *Proceedings of the 1997 ACM SIGMOD international conference on Management of data*, SIGMOD '97, pages 539–542, New York, NY, USA. ACM.

[Giuliano and Gliozzo, 2008] Giuliano, C. and Gliozzo, A. M. (2008).

Instance-based ontology population exploiting named-entity substitution. In Scott, D. and Uszkoreit, H., editors, *COLING*, pages 265–272.

[Goh et al., 1999] Goh, C., Bressan, S., Madnick, E., and Siegel, M. D. (1999). Context interchange: New features and formalisms for the intelligent integration of information. *ACM Transactions on Information Systems*, 17(3):270–293.

[Gravano et al., 1999] Gravano, L., García-Molina, H., and Tomasic, A. (1999). Gloss: Text-source discovery over the internet. *ACM Transactions on Database Systems (TODS)*, 24(2):229–264.

[Hacid and Reynaud, 2004] Hacid, M.-S. and Reynaud, C. (2004). L'intégration de sources de données. *Revue Information - Interaction - Intelligence*.

[Halevy et al., 2003] Halevy, A. Y., Ives, Z. G., Madhavan, J., Mork, P., Suciu, D., and Tatarinov, I. (2003). The piazza peer data management system. *IEEE Transactions on Knowledge and Data Engineering*.

[Hammer et al., 1995] Hammer, J., Garcia-Molina, H., Widom, J., Labio, W., and Zhuge, Y. (1995). The stanford data warehousing project. *IEEE Data Eng. Bull.*, 18(2):41–48.

[Hammond et al., 2002] Hammond, B., Sheth, A., Kochut, K., and Inc, S. (2002). Semantic enhancement engine: A modular document enhancement platform for semantic applications over heterogeneous content. In *in Real World Semantic Web Applications, V. Kashyap and L. Shklar, Eds., IOS Press, ISBN*, pages 1–58603.

[Handschuh et al., 2003] Handschuh, S., Staab, S., and Volz, R. (2003). On deep annotation. In *Proceedings of the 12th International Conference on World Wide Web*, WWW '03, pages 431–438, New York, NY, USA. ACM.

[Harris and Gibbins, 2003] Harris, S. and Gibbins, N. (2003). 3store: Efficient bulk rdf storage. In Volz, R., Decker, S., and Cruz, I. F., editors, *PSSS*, volume 89 of *CEUR Workshop Proceedings*. CEUR-WS.org.

[Haslhofer et al., 2011] Haslhofer, B., Simon, R., Sanderson, R., and de Sompel, H. V. (2011). The open annotation collaboration (oac) model. *CoRR*, abs/1106.5178.

[Hogue and Karger, 2005] Hogue, A. and Karger, D. (2005). Thresher: Automating the unwrapping of semantic content from the world wide web. In *Proceedings of the 14th International Conference on World Wide Web*, WWW '05, pages 86–95, New York, NY, USA. ACM.

[Hollink et al., 2003] Hollink, L., Schreiber, G., Wielemaker, J., and Wielinga, B. (2003). Semantic annotation of image collections. In *In Workshop on Knowledge Markup and Semantic Annotation, KCAP'03*, pages 0–3.

[Hull and Zhou, 1996] Hull, R. and Zhou, G. (1996). A framework for supporting data integration using the materialized and virtual approaches. In *Proceedings of the 1996 ACM SIGMOD International Conference on Management of Data*, pages 481–492, Montreal, Quebec, Canada. ACM Press.

[Hyvönen et al., 2004] Hyvönen, E., Salminen, M., and Junnila, M. (2004). Annotation of Heterogeneous Database Content for the Semantic Web. In *Proceedings of the 4th International Workshop on Knowledge Markup and Semantic Annotation (SemAnnot 2004)*.

[Inmon, 1999] Inmon, B. (1999). *Using the Data Warehouse*. John Wiley.

[Jarke and Vassiliou, 1997] Jarke, M. and Vassiliou, Y. (1997). Data warehouse quality design: A review of the dwq project.

*Bibliographie*

[Jean et al., 2006a] Jean, S., Aït-Ameur, Y., and Pierra, G. (2006a). Querying ontology based databases. the ontoql proposal. In *Software Engineering and Knowledge Engineering (SEKE)*, pages 166–171.

[Jean et al., 2006b] Jean, S., Pierra, G., and Ameur, Y. A. (2006b). Domain ontologies: A database-oriented analysis. In *WEBIST 2006, Proceedings of the Second International Conference on Web Information Systems and Technologies: Internet Technology / Web Interface and Applications*, pages 341–351, Setúbal, Portugal. INSTICC Press.

[Kahan et al., 2002] Kahan, J., Koivunen, Prud'hommeaux, E., and Swick, R. R. (2002). Annotea: an open rdf infrastructure for shared web annotations. *Computer Networks*, 39(5):589–608.

[Kim and Seo, 1991] Kim, W. and Seo, J. (1991). Classifying schematic and data heterogeneity in multidatabase systems. *Computer*, 24:12–18.

[Kiryakov et al., 2004] Kiryakov, A., Popov, B., Terziev, I., Manov, D., and Ognyanoff, D. (2004). Semantic annotation, indexing, and retrieval. *Web Semant.*, 2(1):49–79.

[Kubiatowicz et al., 2000] Kubiatowicz, J., Bindel, D., Chen, Y., Czerwinski, S., Eaton, P., Geels, D., Gummadi, R., Rhea, S., Weatherspoon, H., Weimer, W., Wells, C., and Zhao, B. (2000). Oceanstore: An architecture for global-scale persistent storage. *ACM Special Interest Group on Programming Languages (SIGPLAN Not.)*, 35(11):190–201.

[Lafore, 2002] Lafore, R. (2002). *Data Structures and Algorithms in Java*. Sams, Indianapolis, IN, USA, 2 edition.

[Lanfranchi et al., 2005] Lanfranchi, V., Ciravegna, F., and Petrelli, D. (2005). Semantic web-based document: Editing and browsing in aktivedoc. In *Proceedings of the Second European Conference on The*

*Semantic Web: Research and Applications*, ESWC'05, pages 623–632, Berlin, Heidelberg. Springer-Verlag.

[Leblay, 2013] Leblay, J. (2013). *Techniques d'optimisation pour des données semi-structurées du web sémantique.* phdthese, Université Paris Sud - Paris XI.

[Lenzerini, 2002] Lenzerini, M. (2002). Data integration : A theoretical perspective. *Proceedings of the ACM SIGACT-SIGMOD-SIGART Symposium on Principles of Database Systems (PODS'02)*, pages 233–246.

[Leone et al., 2005] Leone, N., Greco, G., Ianni, G., Lio, V., Terracina, G., Eiter, T., Faber, W., Fink, M., Gottlob, G., Rosati, R., Lembo, D., Lenzerini, M., Ruzzi, M., Kalka, E., Nowicki, B., and Staniszkis, W. (2005). The infomix system for advanced integration of incomplete and inconsistent data. In *Proceedings of the ACM SIGMOD International Conference on Management of Data*, pages 915–917, Baltimore, Maryland, USA. ACM.

[Levy et al., 1996] Levy, A. Y., Rajaraman, A., and Ordille, J. J. (1996). The world wide web as a collection of views: Query processing in the information manifold. In *Proceedings of the International Workshop on Materialized Views: Techniques and Applications (VIEW'1996)*, pages 43–55.

[Ma et al., 2004] Ma, L., Su, Z., Pan, Y., 0007, L. Z., and Liu, T. (2004). Rstar: an rdf storage and query system for enterprise resource management. In *Thirteenth ACM international conference on Information and knowledge management*, pages 484–491.

[Ma et al., 2013] Ma, Y., Lévy, F., and Nazarenko, A. (2013). Annotation sémantique pour des domaines spécialisés et des ontologies riches. In *Actes de la 20e conférence sur le Traitement Automatique des Langues Naturelles (TALN'2013)*, pages 464–478, Les Sables d'Olonne, France.

*Bibliographie*

[Magnini et al., 2006] Magnini, B., Pianta, E., Popescu, O., and Speranza, M. (2006). Ontology population from textual mentions: Task definition and benchmark. In *Proceedings of the OLP2 workshop on Ontology Population and Learning*, Sidney, Australia.

[Mbaiossoum et al., 2012] Mbaiossoum, B., Khouri, S., Bellatreche, L., Jean, S., and Baron, M. (2012). Etude comparative des systèmes de bases de données à base ontologiques. In *INFORSID*.

[McBride, 2001] McBride, B. (2001). Jena: Implementing the RDF model and syntax specification. In *Proceedings of the 2nd International Workshop on the Semantic Web.*, Hongkong.

[Mcdowell et al., 2003] Mcdowell, L., Etzioni, O., Gribble, S. D., Halevy, A., Levy, H., Pentney, W., Verma, D., and Vlasseva, S. (2003). Mangrove: Enticing ordinary people onto the semantic web via instant gratification. In *2nd International Semantic Web Conference*, volume 2870, pages 754–770.

[Mena et al., 1996] Mena, E., Kashyap, V., Sheth, A. P., and Illarramendi, A. (1996). Observer: An approach for query processing in global information systems based on interoperation across pre-existing ontologies. In *CoopIS*, pages 14–25.

[Merle et al., 1996] Merle, P., Gransart, C., and Geib, J.-M. (1996). Corbascript and corbaweb: A generic object-oriented dynamic environment upon corba. *Proceedings of TOOLS Europe 96, Paris, France*, pages 97–112.

[Miller, 1995] Miller, A. (1995). Wordnet : A lexical database for english. *Communications of the ACM*, 38(11):39–41.

[Motro et al., 2004] Motro, A., Berlin, J., and Anokhin, P. (2004). Multiplex, fusionplex and autoplex: three generations of information integration. *SIGMOD Record*, 33:51–57.

[NGOC, 2003] NGOC, T. T. D. (2003). *Fédération de données semi-structurées avec XML*. PhD thesis, Université de Versailles Saint-Quentin -en-Yvelines.

[Pan and Heflin, 2003] Pan, Z. and Heflin, J. (2003). Dldb: Extending relational databases to support semantic web queries. In *Workshop on Practical and Scaleable Semantic Web Systms, ISWC*, pages 109–113.

[Parent and Spaccapietra, 1996] Parent, C. and Spaccapietra, S. (1996). Intégration de bases de données : panorama des problèmes et des approches. *Ingénierie des systèmes d'information*, 4:333–358.

[Park et al., 2007] Park, M. J., Lee, J. H., Lee, C. H., Lin, J., Serres, O., and Chung, C. W. (2007). An efficient and scalable management of ontology. In *Proceedings of the 12th International Conference on Database Systems for Advanced Applications (DASFAA'07)*, volume 4443 of *Lecture Notes in Computer Science*. Springer.

[Petersen, 1994] Petersen, T. (1994). *Art and Architecture Thesaurus: Introduction. Hierarchical Displays*. Number v. 1, pts. 1-2 in The Getty Art History Information Program. Oxford University Press.

[Pierra, 2003] Pierra, G. (2003). Context-explication in conceptual ontologies: The plib approach. In *Proceedings of 10th ISPE International Conference on Concurrent Engineering: Research and Applications (ce'03) : Special Track on Data Integration in Engineering*, pages 243–254.

[Pierra et al., 2004] Pierra, G., Dehainsala, H., Aït-Ameur, Y., Bellatreche, L., Chochon, J., and Mimoune, M. E.-H. (2004). Base de données à base ontologique : le modèle ontodb. In *Proceeding of Base de Données Avancées 20èmes Journées*, pages 263–286.

[Popov et al., 2004] Popov, B., Kiryakov, A., Ognyanoff, D., Manov, D., and Kirilov, A. (2004). Kim – a semantic platform for information extraction and retrieval. *Nat. Lang. Eng.*, 10(3-4):375–392.

[Quintana, 1997] Quintana, Y. (1997). Organization and retrieval in a pictorial digital library. In *Proceedings of the Second ACM International Conference on Digital Libraries*, DL '97, pages 13–20, New York, NY, USA. ACM.

[Ratnasamy et al., 2001] Ratnasamy, S., Francis, P., Handley, M., Karp, R., and Shenker, S. (2001). A scalable content-addressable network. *Computer Communication Review (ACM SIGCOMM)*, 31(4):161–172.

[Reeve and Han, 2005] Reeve, L. and Han, H. (2005). Survey of semantic annotation platforms. In *SAC '05: Proceedings of the 2005 ACM symposium on Applied computing*, pages 1634–1638, New York, NY, USA. ACM.

[Reynaud and Giraldo, 2003] Reynaud, C. and Giraldo, G. (2003). An application of the mediator approach to services over the web. In *Special track "Data Integration in Engineering, Concurrent Engineering (CE'2003)*, pages 209–216.

[Romero et al., 2009] Romero, O., Calvanese, D., Abello, A., and Rodriguez-Muro, M. (2009). Discovering functional dependencies for multidimensional design. In *ACM 12th International Workshop on Data Warehousing and OLAP (DOLAP)*, pages 1–8.

[Rooney, 2006] Rooney, A. (2006). *Foundations of Java for ABAP Programmers*. The expert's voice in Java. Apress.

[Roth et al., 1996] Roth, M. T., Arya, M., Haas, L. M., Carey, M. J., Cody,

W. F., Fagin, R., Schwarz, P. M., II, J. T., and Wimmers, E. L. (1996). The garlic project. In *Proceedings of the 1996 ACM SIGMOD International Conference on Management of Data*, page 557, Montreal, Quebec, Canada. ACM Press.

[Rowstron and Druschel, 2001] Rowstron, A. I. T. and Druschel, P. (2001). Pastry: Scalable, decentralized object location, and routing for large-scale peer-to-peer systems. In *Proceedings of the IFIP/ACM International Conference on Distributed Systems Platforms Heidelberg*, Middleware '01, pages 329–350, London, UK. Springer-Verlag.

[Sattler et al., 2003] Sattler, K.-U., Conrad, S., and Saake, G. (2003). Interactive example-driven integration and reconciliation for accessing database federations. *Information Systems*, 28:393–414.

[Schroeter et al., 2003] Schroeter, R., Hunter, J., and Kosovic, D. (2003). Vannotea - a collaborative video indexing, annotation and discussion system for broadband networks. In *In K-CAP 2003 Workshop on Knowledge Markup and Semantic Annotation*.

[Sheth and Larson, 1990] Sheth, A. and Larson, J. A. (1990). Federated database systems for managing distributed, heterogeneous, and autonomous databases. *in ACM Computing Surveys*, 22(3):183–236.

[Sheth and Kashyap, 1993] Sheth, A. P. and Kashyap, V. (1993). So far (schematically) yet so near (semantically). In *Proceedings of the IFIP WG 2.6 Database Semantics Conference on Interoperable Database Systems (DS-5), Lorne, Victoria, Australia, 16-20 November 1992*, volume A-25 of *IFIP Transactions*, pages 283–312. North-Holland.

[Sheth and Meersman, 2002] Sheth, A. P. and Meersman, R. (2002). Amicalola report: Database and information system research challenges and opportunities in semantic web and enterprises. *SIGMOD Record*, 31(4):98–106.

[Sheth and Ramakrishnan, 2003] Sheth, A. P. and Ramakrishnan, C. (2003). Semantic (web) technology in action: Ontology driven information systems for search, integration and analysis. *IEEE Data Eng. Bull.*, 26(4):40–48.

[Skiena, 2008] Skiena, S. S. (2008). *The Algorithm Design Manual*. Springer Publishing Company, Incorporated, 2nd edition.

[Sklar, 2004] Sklar, D. (2004). *Learning PHP 5 - a pain-free indroduction to building interactive web sites*. O'Reilly.

[Soergel et al., 2004] Soergel, D., Lauser, B., Liang, A., Fisseha, F., Keizer, J., and Katz, S. (2004). Reengineering thesauri for new applications: The agrovoc example. *Journal of Digital Information*, 4(4).

[Solar and Doucet, 2002] Solar, G. V. and Doucet, A. (2002). Médiation de données : solutions et problèmes ouverts. *GDR I3 : Information, Interaction - Intelligence ; Assises 2002*, page December.

[Stoffel et al., 1997] Stoffel, K., Taylor, M., and Hendler, J. (1997). Efficient management of very large ontologies. In *Proceedings of the fourteenth national conference on artificial intelligence and ninth conference on Innovative applications of artificial intelligence*, AAAI'97/IAAI'97, pages 442–447. AAAI Press.

[Stoica et al., 2001] Stoica, I., Morris, R., Karger, D., Kaashoek, M. F., and Balakrishnan, H. (2001). Chord: A scalable peer-to-peer lookup service for internet applications. *SIGCOMM Comput. Commun. Rev.*, 31(4):149–160.

[Stojanovic et al., 2002] Stojanovic, L., Stojanovic, N., and Volz, R. (2002). Migrating data-intensive web sites into the semantic web. In *Proceedings of the 2002 ACM Symposium on Applied Computing*, SAC '02, pages 1100–1107, New York, NY, USA. ACM.

[Tallis, 2003] Tallis, M. (2003). Semantic word processing for content authors. In *Second International Conference on Knowledge Capture*.

[Uren et al., 2006] Uren, V., Cimiano, P., Iria, J., Handschuh, S., Vargas-Vera, M., Motta, E., and Ciravegna, F. (2006). Semantic annotation for knowledge management: Requirements and a survey of the state of the art. *Web Semant.*, 4(1):14–28.

[Vargas-Vera et al., 2002] Vargas-Vera, M., Motta, E., Domingue, J., Lanzoni, M., Stutt, A., and Ciravegna, F. (2002). Mnm: Ontology driven semi-automatic and automatic support for semantic markup. In *EKAW'02: Proceedings of the 13th International Conference on Knowledge Engineering and Knowledge Management. Ontologies and the Semantic Web*, pages 379–391, London, UK.

[Vaswani, 2005] Vaswani, V. (2005). *How To Do Everything With PHP & MySQL*. How To Do Everything With–. McGraw-Hill/Osborne, New York.

[Visser et al., 1999] Visser, P. R. S., Beer, M. D., Bench-Capon, T. J. M., Diaz, B. M., and Shave, M. J. R. (1999). Resolving ontological heterogeneity in the kraft project. In *Database and Expert Systems Applications, 10th International Conference, DEXA '99*, volume 1677 of *Lecture Notes in Computer Science*, pages 668–677, Florence, Italy. Springer.

[Wache et al., 2001] Wache, H., Vögele, T., Visser, U., Stuckenschmidt, H., Schuster, G., Neumann, H., and Hübner, S. (2001). Ontology-based integration of information - a survey of existing approaches. In *Proceedings of the International Workshop on Ontologies and Information Sharing*, pages 108–117.

[Wiederhold, 1992] Wiederhold, G. (1992). Mediators in the architecture of future information systems. *IEEE Computer*, 25(3):38–49.

*Bibliographie*

[Wilkinson et al., 2003] Wilkinson, K., Sayers, C., Kuno, H., Reynolds, D., and Database, J. (2003). Efficient rdf storage and retrieval in jena2. In *First International Workshop on Semantic Web and Databases*, pages 35–43, Berlin, Germany.

[Xuan et al., 2008] Xuan, D. N., Bellatreche, L., and Pierra, G. (2008). Ontodawa, un système d'intégration à base ontologique de sources de données autonomes et évolutives. *Ingénierie des Systèmes d'Information*, 13(2):97–125.

[Yee, 2002] Yee, K.-P. (2002). Critlink: Advanced hyperlinks enable public annotation on the web. In *Computer Supported Cooperative Work (CSCW*.

[ZEGOUR, 1996] ZEGOUR, D. E. (1996). *Structures de données et de fichiers. Programmation Pascal et C*. CHIHAB, Alger, Algérie, 1st edition.

[Zhao et al., 2013] Zhao, B. Y., Kubiatowicz, J. D., and Joseph, A. D. (2013). Open annotation data model. Technical report, Berkeley, CA, USA.

# Table des figures

1.1 Les trois niveaux d'un système d'intégration . . . . . . . . 26

3.1 Extension du méta-schéma du modèle OntoDB par les modèles des dépendances . . . . . . . . . . . . . . . . . . 75

3.2 Composants de notre système d'intégration . . . . . . . . 77

3.3 Extension du méta-schéma du modèle OntoDB par le modèle des composants du médiateur . . . . . . . . . . . . 80

3.4 Extension du méta-schéma du modèle OntoDB par les confiances des propriétés et les sources crédibles . . . . . . . . . . . 91

4.1 Exemple de motivation . . . . . . . . . . . . . . . . . . 98

4.2 Schéma d'un médiateur avec annotation des propriétés . . 99

4.3 Exemple de génération du domaine de définition . . . . . . 106

4.4 Extension du méta-schéma du modèle OntoDB par l'annotation des propriétés . . . . . . . . . . . . . . . . . . . 112

4.5 Amélioration d'une requête d'égalité avec des domaines disjoints . . . . . . . . . . . . . . . . . . . . . . . . . 114

*Table des figures*

4.6 Amélioration d'une requête d'inégalité avec des domaines disjoints . . . . . . . . . . . . . . . . . . . . . . . . . . . 115

4.7 Amélioration d'une requête d'égalité avec des domaines aléatoires . . . . . . . . . . . . . . . . . . . . . . . . . . 116

4.8 Amélioration d'une requête d'inégalité avec des domaines aléatoires . . . . . . . . . . . . . . . . . . . . . . . . . . 116

5.1 Temps de réponse d'une requête à une réponse contenant 4 instances avec utilisation des tableaux. . . . . . . . . . . 135

5.2 Temps de réponse d'une requête à une réponse contenant 64 instances avec utilisation des tableaux. . . . . . . . . . 136

5.3 Temps de réponse d'une requête à une réponse contenant 256 instances avec utilisation des tableaux. . . . . . . . . 136

5.4 Temps de réponse d'une requête à une réponse contenant 256 instances avec utilisation des tables de hachage. . . . . 138

5.5 Temps de réponse d'une requête à une réponse contenant 16380 instances avec utilisation des tables de hachage. . . 138

5.6 Comparaison des temps de réponse entre l'utilisation des tableaux et l'utilisation des tables de hachage pour une requête à une réponse contenant 16380. . . . . . . . . . . . 139

# Liste des tableaux

3.1  DNC générée à partir de chaque constructeur . . . . . . .  72

4.1  Liste des notations . . . . . . . . . . . . . . . . . . . . 100

# Glossaire

**DF**: Dépendance Fonctionnelle
**DL**: Description logic
**DNC**: Dépendances de détermination des classes Non Canonique
**FP**: Functional Property
**GaV**: Global as View
**GlaV**: Generalized Local as View
**GUI**: Global Unique Identifier
**LaV**: Local as View
**LIAS**: Laboratoire d'Informatique et d'Automatique pour les Systèmes
**LISI**: Laboratoire d'Informatique Scientifique et Industrielle
**LP**: Left Part
**LUBM**: Lehigh University BenchMark
**OCC**: Ontologies Conceptuelles Canoniques
**OCNC**: Ontologies Conceptuelles Non Canoniques
**OL**: Ontologies Linguistiques
**OWL**: Ontology Web Language
**PLIB**: Parts Library
**RP**: Right Part
**SGBD**: Système de Gestion de Bases de Données

*Glossaire*

**SQL**: Structured Query Language
**XML**: eXtensible Markup Language

Oui, je veux morebooks!

# i want morebooks!

Buy your books fast and straightforward online - at one of world's fastest growing online book stores! Environmentally sound due to Print-on-Demand technologies.

## Buy your books online at
## www.get-morebooks.com

Achetez vos livres en ligne, vite et bien, sur l'une des librairies en ligne les plus performantes au monde!
En protégeant nos ressources et notre environnement grâce à l'impression à la demande.

## La librairie en ligne pour acheter plus vite
## www.morebooks.fr

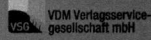

VDM Verlagsservicegesellschaft mbH
Heinrich-Böcking-Str. 6-3         Telefon: +49 681 3720 174     info@vdm-vsg.de
D - 66121 Saarbrücken            Telefax: +49 681 3720 1749    www.vdm-vsg.de

Printed by Books on Demand GmbH, Norderstedt / Germany